Sommaire

Avant-propos

Lire Rousseau

... la volonté parle encore, quand la nature se tait.

Rousseau raconte, dans les *Confessions*, les circonstances dans lesquelles il a cherché l'inspiration du *Discours sur l'inégalité* :

> Pour méditer à mon aise sur ce grand sujet je fis à Saint-Germain un voyage de sept ou huit jours [...]. Il faisait très beau [...]. Enfoncé dans la forêt, j'y cherchais, j'y trouvais l'image des premiers temps dont je traçais fièrement l'histoire ; je faisais main basse sur les petits mensonges des hommes, j'osais dévoiler à nu leur nature, suivre le progrès des temps et des choses qui l'ont défigurée, et comparant l'homme de l'homme avec l'homme naturel, leur montrer dans son perfectionnement prétendu la véritable source de ses misères. Mon âme exaltée par ces contemplations sublimes s'élevait auprès de la divinité, et voyant de là mes semblables suivre dans l'aveugle route de leurs préjugés, celle de leurs erreurs, de leurs malheurs, de leurs crimes, je leur criais d'une faible voix qu'ils ne pouvaient entendre : Insensés, qui vous plaignez sans cesse de la nature, apprenez que tous vos maux vous viennent de vous[1].

Le « folklore » rousseauiste est en place, mis en scène par Rousseau lui-même. Le « retour à la nature », l'em-

1. *Confessions*, l. VIII, *OC*, Pléiade, t. I, p. 388 sq.

phase sentimentale, les accents tragiques et exaltés : tous les poncifs qui font si souvent obstacle à la découverte d'une authentique pensée, savante et raisonnée. Car il suffit d'ouvrir le *Discours* pour reconnaître ce qu'il doit au patient travail de l'intelligence, bien plus qu'à la spontanéité du sentiment ou à la contemplation du muet spectacle de la nature.

Il faut, pour accéder à l'œuvre de Rousseau, la débarrasser de l'épaisse couche de pareils poncifs et préjugés qui la recouvre, couche déposée par les lecteurs pressés et les vulgarisateurs brouillons. Rousseau a le privilège d'être beaucoup lu, mais ce privilège a son revers. On croit se l'approprier avec aisance, on le prend au mot, on en cite sans grande précaution des formules ou des « morceaux choisis », on s'en réclame ou on pense le réfuter avec une étonnante légèreté ; or cette impression de facilité et de familiarité est presque toujours un piège. La lecture de ce génial dilettante ne souffre guère le dilettantisme ; la concision du style et la densité des raisonnements mettent sans cesse à l'épreuve l'esprit de finesse et la perspicacité du lecteur, et interdisent toute approximation. Ce philosophe mérite l'effort d'une véritable lecture philosophique.

Un autre obstacle peut arrêter l'intelligence du lecteur : le caractère multiforme, mouvant d'une pensée à laquelle on n'a cessé, dès l'époque de Rousseau, de reprocher de nombreuses contradictions. Cependant Rousseau lui-même – dans le *Troisième Dialogue*, pour ne citer que cet exemple – revendiquait la cohérence et la systématicité de son œuvre. De nombreux commentateurs contemporains ont analysé ce paradoxe que présente la pensée de Rousseau : son caractère construit et raisonné, et la difficulté que l'on éprouve pourtant à la présenter comme un système clos et achevé. Le philosophe allemand Ernst Cassirer écrit :

> Ce qui se découvre à nos yeux n'est pas une doctrine achevée ou bien arrêtée, il s'agit au contraire d'un mouvement de la pensée qui constamment se relance – mouvement d'une telle

force et d'une telle passion qu'il semble à peine imaginable qu'on choisisse pour l'aborder le refuge qu'offrirait la quiète perspective historique prétendument objective[1].

Plutôt que dans un résultat fixe et scolaire, il faut chercher l'unité de l'œuvre de Rousseau dans une *impulsion*, dit Cassirer, dans une inquiétude et un profond désir de la pensée. Rousseau est préoccupé de quelques questions obsédantes : pourquoi le bonheur et la justice se présentent-ils, dans l'expérience, toujours divisés, déchirés ? Pourquoi les hommes sont-ils d'autant plus rivaux et insociables qu'ils peuvent moins se passer les uns des autres ? Cependant Rousseau ne s'en tient pas au désespoir stérile de la bonne conscience malheureuse et éternellement insatisfaite. Rousseau ne cherche pas seulement, il trouve.

Rousseau a durablement marqué l'histoire de la pensée. Emmanuel Kant, par exemple, reconnaissait volontiers ce qu'il lui devait. Et pourtant rien n'est plus différent que les styles philosophiques de ces deux auteurs. Rousseau n'est pas un savant professeur, il ne cherche pas à construire un système didactique. Il raisonne comme il herborise, cueillant au gré de ses lectures et de ses méditations des hypothèses, des problématiques et des intuitions philosophiques fort diverses. On peut le voir décrire une idylle aristocratique dans *La Nouvelle Héloïse*, et démontrer, dans le *Contrat social*, la nécessité rationnelle du principe démocratique. On peut le voir s'attendrir sur le bonheur de l'homme à l' « état de nature », et rappeler plus tard que l'homme dans cet état n'est rien de mieux qu'un *animal stupide et borné*. Il n'est même pas rare, comme nous le constaterons à propos du *Discours sur l'inégalité*, de le voir mener de front plusieurs démonstrations.

Mais ce que Rousseau dit du bonheur aristocratique, de la liberté naturelle ou de la liberté politique, est à chaque

1. E. Cassirer, *Le Problème J.-J. Rousseau*, p. 8.

fois vrai dans son genre. Si Rousseau ne cherche pas à construire un système, il cherche toujours à penser systématiquement, et il y parvient. On a souvent reproché à Rousseau son « esprit de sérieux ». Or c'est là son grand mérite philosophique, qui explique l'admiration de Kant : Rousseau est toujours conséquent. Il mène dans ses derniers retranchements, avec rigueur et pénétration, l'hypothèse ou le raisonnement qu'il se propose d'examiner, et il permet à son lecteur d'en prendre toute la mesure. Et si les démonstrations de Rousseau sont fermes et efficaces, c'est qu'elles s'appuient, au-delà de la variété des genres et des questions où son génie s'est exercé, sur quelques principes, toujours les mêmes, solides et profondément médités. Ces principes sont, pour l'essentiel, mis en place dès le *Discours sur l'inégalité*. La lecture du *Discours* est la meilleure des introductions à l'œuvre de Rousseau.

1

L'origine du Discours

L'HISTOIRE D'UNE ŒUVRE

I. *Les circonstances de la publication*

▸ **Le premier texte philosophique de Rousseau.**

Le *Discours sur l'origine et les fondements de l'inégalité parmi les hommes*, qu'il rédige en 1754 et publie en 1755 à l'âge de quarante-trois ans, est la première grande œuvre philosophique de Rousseau. L'auteur n'est certes plus, à ce moment-là, l'aventurier déraciné, pauvre et méconnu quoique plein d'ambitions, qu'il a été jusqu'à près de quarante ans. Il a déjà rencontré un certain succès public comme musicien, en présentant devant le roi un opéra, *Le Devin du village*, en 1752. Il est surtout devenu célèbre dans toute l'Europe, comme philosophe, grâce au *Discours sur les sciences et les arts* (ou premier *Discours*), qui a reçu en 1750 un premier prix attribué par l'Académie de Dijon.

Mais le *Discours sur l'inégalité* (ou second *Discours*) développe pour la première fois de façon approfondie et argumentée des jugements qui se présentaient dans le premier *Discours* sous une forme le plus souvent provocatrice et rhétorique. Rousseau écrit dans les Confessions[1] :

> J'eus bientôt l'occasion de développer tout à fait [mes principes] dans un ouvrage de plus grande importance ; car ce fut, je

1. *Confessions*, l. VIII, *OC*, Pléiade, t. I, p. 388.

pense, en cette année 1753 que parut le programme de l'Académie de Dijon sur l'origine de l'inégalité parmi les hommes. Frappé de cette grande question, je fus surpris que cette Académie eût osé la proposer; mais puisqu'elle avait eu ce courage, je pouvais bien avoir celui de la traiter, et je l'entrepris.

Avant de montrer la nouvelle dimension que donne le second *Discours* à la réflexion de Rousseau, il n'est pas sans intérêt de s'attarder quelques instants sur l'occasion qui a donné lieu à la rédaction de l'ouvrage.

▸ **L'Académie de Dijon.**

Rousseau, comme c'était déjà le cas avec le *Discours sur les sciences et les arts*, répond à une question posée par l'Académie de Dijon. Il ne faut pas voir dans cette Académie une quelconque annexe de l'Académie française[1]. Il s'agit d'une fondation privée, instituée en 1725 par un membre du Parlement de Dijon, qui lui consacra une partie de son héritage. Elle avait pour objet de réunir dans la maison du fondateur quelques savants et humanistes de Bourgogne, pour encourager et favoriser la diffusion des Lumières. En réalité, jusqu'à la réforme de 1759 qui devait lui donner un certain éclat (Voltaire en sera plus tard membre honoraire), elle n'était guère plus qu'une réunion de notables médiocrement cultivés, qui trouvaient dans cette institution l'occasion de se donner quelque réputation mondaine, et de profiter des rentes de situation instituées par le testament du fondateur.

Les « académiciens » qui décernèrent le prix à Rousseau en 1750 pour le *Discours sur les sciences et les arts* n'avaient donc guère conscience de la valeur ni de l'originalité du texte qu'ils primaient. Peu lettrés, honnêtes gens et bons chrétiens, ils y virent surtout une mise en garde contre les dangereuses séductions de la curiosité savante et de la littérature, mise en garde qui flattait leur conservatisme provincial.

1. Sur ce point, v. M. Bouchard, *L'Académie de Dijon et le premier Discours de Rousseau.*

Aussi ne faut-il pas accorder une importance excessive à l'audience de ce concours d'Académie. Pourtant le prix de 1750 fut l'occasion pour Rousseau de sortir de l'obscurité où il se trouvait jusqu'alors injustement confiné. Ce prix était accompagné d'une récompense, mais surtout il assurait au lauréat une certaine publicité. Du vainqueur, le *Mercure de France* ou le *Journal des savants* faisaient l'éloge à Paris ; les libraires imprimaient parfois son livre. Ce fut le cas pour le premier *Discours*. Cependant le succès de librairie de Rousseau, lors de cette publication, est exceptionnel ; selon Diderot, *il prend tout par-dessus les nues ; il n'y a pas d'exemple d'un succès pareil*[1]. Un tel accueil public ne s'explique pas seulement par l'obtention du prix, qui ne fut qu'un tremplin : il ne faut pas imaginer que tous les vainqueurs de concours d'Académie rencontraient la gloire qui fut celle de Rousseau.

Cela n'en est que plus vrai pour le *Discours sur l'inégalité*, qui est plus lu encore que le premier, qui est bientôt traduit en allemand, en anglais, en russe, qui connaît plusieurs rééditions immédiates et plusieurs contrefaçons. Or ce second *Discours* n'est pas primé par l'Académie de Dijon, il n'est même pas lu en entier par elle, en raison de sa longueur. Il ne faut d'ailleurs voir là aucune injustice : autant en 1750 Rousseau désirait obtenir le prix, autant en 1754 il a vu dans le concours d'Académie un simple prétexte. C'était surtout pour lui l'occasion de parfaire et de détailler les principes et les démonstrations qu'il avait ébauchés dans le premier *Discours* puis dans les réponses aux objections que celui-ci avait suscitées. C'est volontairement qu'il a dédaigné toutes les précautions d'usage, et qu'il a donné à son propos une ampleur incompatible avec un exercice d'Académie.

Son *Discours* vise déjà bien au-delà, il est porté par une autre ambition et s'adresse à un autre public. *Il avait été fait*

1. *Confessions*, l. VIII, *OC*, Pléiade, t. I, p. 363.

pour concourir au prix, écrira plus tard Rousseau, *je l'envoyai donc, mais sûr d'avance qu'il ne l'aurait pas, et sachant bien que ce n'est pas pour des pièces de cette étoffe que sont fondés les prix des académies*[1]. L'Exorde du premier *Discours* s'adressait aux académiciens ; la Dédicace et l'Exorde du second *Discours* s'adressent au peuple de Genève, puis à l'humanité tout entière.

▸ **« Cette grande question ».**

Il n'en reste pas moins que cette petite Académie avait su formuler, comme le dit Rousseau, une *grande question*. La question est formulée ainsi par l'Académie (Rousseau la modifiera légèrement) : *Quelle est la source de l'inégalité parmi les hommes, et si elle est autorisée par la loi naturelle ?* Le terme d'« inégalité » renvoie non aux différences naturelles qui distinguent les hommes entre eux, mais aux inégalités « d'institution », c'est-à-dire établies dans les sociétés : inégalité des droits et des devoirs, des conditions et des fonctions politiques, mais aussi inégalité des fortunes et des conditions d'existence matérielles. Quant à la « loi naturelle », elle désigne, de façon générale, une règle supposée universelle permettant de juger de la légitimité d'une institution particulière – nous reviendrons là-dessus. La question posée par l'Académie fait écho à des débats familiers au siècle des Lumières, siècle qui s'interroge de plus en plus fréquemment sur la légitimité des institutions monarchiques et aristocratiques, et ce, avec une certaine liberté de propos.

Il peut certes paraître surprenant, comme le remarque Rousseau, que le fondement du régime, à savoir un système de privilèges et d'inégalités héréditaires, fasse l'objet d'une question aussi ouvertement formulée. Mais on pourra remarquer d'abord que la question n'appelle pas nécessairement une réponse révolutionnaire, mais peut au contraire

1. *Confessions*, l. VIII, *OC*, Pléiade, t. I, p. 389.

donner lieu à un plaidoyer en faveur de l'inégalité politique et sociale. C'est d'ailleurs une telle réponse qui est couronnée, en 1754, par l'Académie de Dijon. On en déduira ensuite que l'Ancien Régime, particulièrement au XVIIIe siècle, ne peut être confondu avec un régime despotique ou encore « totalitaire », au sens où l'on entendra ce terme au XXe siècle. Certes une censure s'exerce : Diderot a connu la prison en 1749 pour avoir poussé trop loin la liberté de ton dans sa *Lettre sur les aveugles*. De même Rousseau, en 1762, après la publication de l'*Émile*, devra s'enfuir à l'étranger pour échapper à une arrestation. Mais le plus souvent un certain nombre de contre-pouvoirs, et la présence de dignitaires favorables à l'esprit philosophique au sein même du pouvoir (tel Malesherbes, dont l'administration fut « l'âge d'or » des écrivains, selon Voltaire), font que cette censure s'exerce avec une certaine modération, pourvu que les auteurs y mettent les formes.

Cela est illustré par le *Discours sur l'inégalité,* dont la portée critique est sans ambiguïté, mais pour lequel Rousseau ne fut jamais inquiété. L'impression s'en fit certes à Amsterdam, mais l'éditeur de Rousseau, Marc-Michel Rey, obtint de Malesherbes, le « Directeur de la librairie » (c'est-à-dire de la censure), l'autorisation d'en faire parvenir en France des exemplaires et de les vendre. En réalité, la censure politique la plus rigoureuse est souvent inspirée par l'Église ; et c'est pour leurs thèses religieuses, plutôt que pour leurs thèses politiques, que Diderot et Rousseau furent inquiétés. Aussi Rousseau prend-il grand soin, dans le second *Discours*, de ménager toujours une place à la vérité chrétienne révélée, au moins sous forme de précautions rhétoriques.

▸ Les concurrents de Rousseau.

Cependant Rousseau, en prenant explicitement le parti de la critique politique et sociale, ne risquait pas de voir son discours couronné par l'Académie de Dijon. En 1754 comme en 1750, celle-ci consacra une thèse conservatrice.

Le paradoxe veut que la pensée de Rousseau ait paru conservatrice dans un cas *(Discours sur les sciences et les arts)*, audacieuse et révolutionnaire dans l'autre *(Discours sur l'inégalité)*. Nous aurons l'occasion de revenir sur les raisons profondes de ce paradoxe, raisons qui tiennent à l'originalité de la pensée rousseauiste. Mais nous voulons d'abord mentionner en quelques mots la nature des réponses adressées à l'Académie par les concurrents de Rousseau. La spécificité et l'originalité de la réflexion rousseauiste s'en dégageront d'autant mieux[1].

Sur les onze discours reçus par l'Académie et qui ont été conservés, huit donnent une réponse positive à la question : l'inégalité entre les hommes est, pour leurs auteurs, légitime et conforme à la « loi naturelle ». Et parmi ces huit, sept identifient la « loi naturelle » à la volonté de Dieu. L'argumentation de la plupart des candidats est donc de nature religieuse, et s'inspire largement de la pensée de l'évêque Bossuet, qui avait écrit à la fin du XVIIe siècle une *Politique tirée des propres paroles de l'Écriture sainte*. C'est le cas en particulier du lauréat, l'abbé Talbert, et de celui qui fut classé deuxième et obtint un accessit, un certain M. Etasse.

L'un et l'autre font remonter l'inégalité entre les hommes au péché originel, qui fit perdre à l'homme sa pureté et sa simplicité primitives. L'inégalité est une punition de Dieu, le *juste châtiment de l'homme coupable* (Talbert). Les hommes aveuglés par le péché sont incapables de se gouverner par eux-mêmes, d'exercer librement le pouvoir et de jouir de droits égaux. L'ordre social exige au contraire l'institution de hiérarchies héréditaires, sous l'autorité souveraine d'un prince inspiré par Dieu. Certes tous les hommes ont un droit égal au bonheur, mais le vrai bonheur n'est pas de ce monde, il consiste dans le salut éternel de l'âme. En ce monde, l'obéissance et la soumission aux pouvoirs existants

1. Sur ce point, v. R. Tisserand, *Les Concurrents de J.-J. Rousseau à l'Académie de Dijon pour le prix de 1754*.

sont directement déduits de l'obligation, pour l'homme, de reconnaître et de se soumettre à l'ordre divin. Comme l'écrivait Bossuet, *les hommes naissent tous sujets.* Faisant écho à la célèbre formule de l'*Épître aux Romains* de saint Paul, selon laquelle *il n'est point de puissance qui ne vienne de Dieu,* Etasse écrit : *Dieu lui-même a consacré le pouvoir [des chefs] en nous faisant un précepte de la soumission...* Et le même concurrent conclut : *l'inégalité parmi les hommes est l'ouvrage de la providence du ciel.*

II. La spécificité du Discours *de Rousseau*

▸ **Droit naturel moderne et droit divin.**

Rien n'est plus éloigné de ces thèses que le *Discours* de Rousseau. Comme nous le verrons, Rousseau ne fait qu'une allégeance de pure forme aux enseignements de l'Église, et refuse d'emblée l'hypothèse selon laquelle les hommes seraient nés pour obéir. Il écarte dès le début du *Discours* la question de savoir si l'inégalité telle qu'elle est alors instituée, l'inégalité aristocratique, est fondée en nature : *question bonne peut-être*, écrit Rousseau, *à agiter entre des esclaves entendus de leurs maîtres, mais qui ne convient pas à des hommes raisonnables et libres, qui cherchent la vérité.* Il est si évident que cette inégalité est une injustice, que la seule question qui vaille d'être posée est de savoir comment l'histoire humaine peut expliquer l'avènement d'une telle injustice. En d'autres termes, Rousseau inscrit sa réflexion dans une tradition diamétralement opposée à celle de la plupart des autres candidats.

Bossuet, auquel Talbert ou Etasse se réfèrent, représentait la dernière grande expression de la théorie du « droit divin », elle-même inspirée à la fois du christianisme et du « droit naturel classique » aristotélicien et stoïcien. Selon la plupart des auteurs de l'Antiquité et du christianisme, la volonté humaine doit se conformer à l'ordre divin de la Création. La liberté individuelle n'est pas un principe fondamental et ne peut servir de point de départ à une réflexion politique ou morale. L'homme appartient par nature à une collectivité à laquelle il se soumet, il est originellement et pour toujours soumis à des autorités et à des hiérarchies.

C'est précisément contre ces présupposés qu'a pris forme, à partir du XVIIe siècle, l'école du « droit naturel moderne », qui raisonne en prenant pour fondement l'individu isolé et autonome, décidant librement de se soumettre ou non à des lois et à des pouvoirs politiques. Aucun dogme sacré, aucun acte de foi initial ne peut se substituer au raisonnement de l'individu libre et responsable pour expliquer sa soumission aux pouvoirs politiques et à l'ordre social.

Cette école de pensée exerce une influence dominante sur les philosophes des Lumières, et c'est dans le droit fil de cette tradition théorique que Rousseau aborde l'examen de la question de l'inégalité. Par-delà tous les accidents de l'histoire humaine, qui expliquent l'apparition des inégalités politiques et sociales, le philosophe pose comme un axiome la nécessité rationnelle d'une égalité de dignité et de liberté entre les hommes : aucun homme n'est né pour obéir, pas plus qu'aucun homme n'est né pour commander. Rousseau ne s'en tiendra pas à cette affirmation générale dans son *Discours*, mais elle lui sert de toile de fond, et c'est d'abord cela qui le disqualifie d'avance pour l'obtention du prix académique.

▸ **Le souci démonstratif.**

Mais il y a autre chose qui distingue Rousseau des autres candidats, lesquels ne proposent guère plus que des exercices rhétoriques fort convenus. Rousseau quant à lui ne joue plus à l'essayiste de salon. On lui a assez reproché, avec le *Discours sur les sciences et les arts*, d'avoir mobilisé tous les artifices de la rhétorique pour convaincre un cénacle d'académiciens des méfaits de l'art et de la littérature – ce qui pouvait apparaître pour le moins paradoxal.

Dans le *Discours sur l'inégalité*, Rousseau ajuste son propos. Il s'agit, non tant de faire des phrases, non tant de moraliser, que de raisonner, d'analyser, d'examiner sans préjugés. On y voit Rousseau discuter les thèses des grands philosophes de son temps et les observations des savants, avant de formuler de nouvelles interprétations et de nouvelles hypothèses. Avec le second *Discours*, Rousseau entre de plain-pied dans le monde de la science et de la philosophie. Le second *Discours* reprend à nouveaux frais l'examen d'hypothèses et de concepts que l'on rencontre alors un peu partout, employés avec plus ou moins de rigueur et de conviction, dans le petit monde des philosophes et des lettrés – à commencer par ceux de « nature » et d' « état de nature ». On ne s'étonnera donc pas que nombre des idées développées dans le second *Discours* soient déjà présentes, avant Rousseau, chez différents auteurs qu'il discute et dont il s'inspire. Mais ce qui distingue Rousseau, c'est l'usage qu'il fait de cet acquis, la façon dont il le remanie, en montre le sens véritable, les limites et les conséquences.

III. La double problématique du Discours

Dans le *Discours sur l'inégalité*, Rousseau mène de front deux démonstrations différentes, qui ne sont cependant pas sans relations l'une avec l'autre. On se condamne à ne pas comprendre grand-chose au *Discours*, si l'on n'identifie pas et si l'on ne distingue pas ces deux problématiques. Ce n'est d'ailleurs pas le moindre mérite de Rousseau que d'avoir aperçu l'irréductible complexité de la question posée, complexité qui interdit d'avance les simplifications et les traitements rhétoriques.

Rousseau précise le sens de la question de l'Académie en la reformulant. Celle-ci demandait quelle était la « source » de l'inégalité, et si elle était « autorisée » par la loi naturelle. Rousseau quant à lui traite de « l'origine » et des « fondements » de l'inégalité. La question de « l'origine » est celle de la cause, historique ou logique, qui permet d'expliquer l'apparition des inégalités instituées. Les « fondements » renvoient à la question de la légitimité, et donc du « droit naturel ».

▸ **La réflexion politique.**

La problématique initiale est la suivante : y a-t-il un *fondement* à l'inégalité – aussi bien politique qu'économique – que l'on constate dans les sociétés humaines ? Chercher un fondement, cela suppose de s'interroger sur ce qui est juste et nécessaire indépendamment de telle ou telle circonstance historique, « antérieurement » à tout ordre social empirique. Or on considère spontanément, au XVIIIe siècle, que c'est à la « nature » qu'il faut se référer pour savoir ce qui est universel et nécessaire. La question de savoir ce qui est juste « par nature » prend alors la forme d'une interrogation sur la « loi naturelle » ou sur le « droit naturel ».

Mais, comme nous l'avons vu, la « loi naturelle » peut désigner, selon les auteurs, soit la volonté divine (droit naturel classique), soit les principes auxquels obéissent spontanément des êtres libres (droit naturel moderne). C'est du moins en ce sens que l'entend Rousseau. Rousseau va donc examiner la question de l'inégalité du point de vue d'un « droit fondé en raison ». Rousseau reprend le flambeau de ce droit rationnel là où d'illustres prédécesseurs – Grotius, Pufendorf, Hobbes, et tout particulièrement Locke – l'avaient laissé.

▸ **L'étude anthropologique.**

Cependant Rousseau en profite pour reprendre la question de plus loin. Il s'interroge plus fondamentalement sur l'expression « loi naturelle ». Nous avons aperçu quelques-unes des ambiguïtés contenues dans ces termes. Rousseau se demande précisément dans quelle mesure il est légitime de se référer à la « nature » pour traiter rationnellement des questions de droit. La préface du *Discours* est de ce point de vue un modèle de précaution méthodique : qui sait vraiment ce qu'est et ce que veut la « nature » ? Peut-on seulement le savoir ? Rousseau, loin de faire un usage naïf et indiscret du concept de nature, est l'un des premiers à prendre conscience des pièges qu'il recèle, des fausses évidences qu'il véhicule, de la prudence qu'il convient d'observer avant d'en faire usage.

La solution à laquelle il parviendra est celle qui prévaut le plus souvent dans ce que l'on appelle aujourd'hui les sciences humaines : loin de contenir des réponses ni une quelconque sagesse à usage humain, la nature est ce dont l'homme doit définitivement faire son deuil lorsqu'il prétend se comprendre et se donner des règles (de droit par exemple). L'homme est essentiellement un être qui ne peut plus demander de réponses à quelque « nature » que ce soit. Pour parvenir à ce renouvellement radical de l'anthropologie, c'est-à-dire de la connaissance de l'homme, Rousseau examine avec rigueur les méthodes, les hypothèses et les descriptions savantes disponibles à son époque (celles de Buffon, de Condillac, des récits de voyageurs). A quelles conditions peut-on espérer retracer la genèse de l'homme intelligent ou « civilisé » ? Qu'est-ce essentiellement que « l'homme », et à qui ou à quoi l'homme doit-il ce qu'il est ? En examinant le rapport de l'homme à la « nature », Rousseau en vient à faire « l'histoire de l'homme », l'histoire de son arrachement à la nature. Il décrit ainsi *l'origine* de l'inégalité.

Le traitement de cette deuxième question influe naturellement sur la première. Rousseau ne renonce pas à rechercher des principes universels, indépendants des circonstances historiques, pour juger des sociétés et des constitutions politiques. Mais le problème se trouve largement modifié par sa réflexion anthropologique. L'homme à l'état pur, le noyau universel autour duquel il convient de bâtir une réflexion rationnelle sur le droit, n'est pas, ne peut pas être, l'homme « de la nature ». Le « droit naturel » selon Rousseau subit donc un important renouvellement, dont le philosophe ébauche les conséquences à la fin du *Discours*, et qu'il détaillera dans ses écrits politiques ultérieurs.

Il faut noter que l'étude anthropologique, étant un préalable nécessaire au traitement de la question politique, est traitée par Rousseau en premier lieu dans le *Discours*, et en occupe la plus grande partie.

Le parcours suivi par le *Discours sur l'inégalité* est souvent complexe et sinueux. Il nous paraît donc nécessaire d'en faire dans un premier temps une analyse, une description attentive, d'en distinguer les principaux moments et de donner au lecteur de premiers éléments d'explication (IIe chapitre des Leçons). Nous reviendrons ensuite, pour les approfondir et les commenter, sur les deux directions problématiques principales qu'emprunte la réflexion du philosophe : l'étude anthropologique, puis la question du droit naturel (IIIe chapitre des Leçons).

2

L'histoire de l'homme

ANALYSE DU DISCOURS

I. La structure du Discours

Le *Discours sur l'inégalité* se divise en deux parties de longueur à peu près équivalente. La première décrit l'homme dans le *premier état de nature*[1], la seconde décrit le passage progressif de cet état à l'état politique. Ces deux parties sont précédées de trois textes importants : une Dédicace, une Préface et un court préambule, sans titre, que l'on appelle habituellement l'« Exorde » du *Discours*. La Dédicace et la Préface, ainsi que les longues notes, ont été ajoutées au *Discours* à l'occasion de sa publication.

La Dédicace dédie le *Discours* à Genève, dont elle fait l'éloge ; la Préface et l'Exorde font office d'introductions générales. Mais on peut dire également que la Dédicace introduit à l'aspect *politique* de la question posée (quelle est la meilleure constitution de l'État ?), alors que la Préface et l'Exorde exposent et défrichent les problèmes de *méthode* posés par la question traitée (qu'est-ce que la nature humaine, qu'est-ce que le droit naturel, comment peuvent-ils faire l'objet d'une connaissance ?).

1. Rousseau distingue deux états de nature. Cf. *infra*, analyse de la deuxième partie du *Discours*.

II. La Dédicace du Discours

▸ J.-J. Rousseau, « citoyen de Genève ».

La Dédicace s'adresse *« à la République de Genève »*, et commence par la formule suivante : *MAGNIFIQUES, TRÈS HONORÉS ET SOUVERAINS SEIGNEURS.* Cette formule s'adresse aux membres du « Conseil général » de la République de Genève, à savoir la totalité des « citoyens et bourgeois de Genève ». Le destinataire de la Dédicace est donc le peuple genevois, en tout cas la partie de celui-ci qui dispose du droit de citoyenneté. Pourquoi Rousseau dédie-t-il son *Discours* au peuple de Genève ? Il y a là les ferments d'un long malentendu et d'un drame important de la vie de Rousseau.

Rousseau se désigne lui-même, sur la page-titre du *Discours*, comme « Citoyen de Genève ». Il avait déjà signé ainsi, pour la première fois, une lettre à Voltaire en 1750, puis le *Discours sur les sciences et les arts* la même année ; il se désignera encore sous ce titre en publiant le *Contrat social* en 1762. On peut expliquer cela par le souci d'être distingué de célèbres homonymes, en particulier du poète Jean-Baptiste Rousseau, mort en 1741. Mais il faut surtout y voir le désir d'être identifié à une origine qu'il juge estimable, et de manifester son attachement au régime de la république.

Rousseau est né à Genève en 1712. Sa mère morte peu de jours après sa naissance, son père ayant dû quitter Genève en 1722, Rousseau fut mis en pension, et à treize ans commença un apprentissage chez un maître graveur, chez lequel il ne se plut guère. Il n'y avait plus grand-chose qui le retenait à Genève lorsqu'à seize ans, de retour d'une promenade hors de la ville, il décida de ne plus retourner chez lui et de fuguer en Savoie. La rencontre de Mme de Warens le détermina à quitter la foi protestante des Genevois pour se convertir au catholicisme. Il demeura ensuite en France et, épisodiquement, en Italie, jusqu'en 1754. Avant cette date, il ne fit que deux séjours furtifs à Genève.

Rousseau semblait donc, jusqu'à près de quarante ans, avoir renoncé définitivement à la patrie de ses origines, et avoir fait le choix d'une existence parisienne et mondaine, bien éloignée de la petite cité suisse. Cependant, après la publication du premier *Discours*, Rousseau ressentit le besoin de réformer son mode de vie, dans le sens d'une existence plus humble et plus austère, qui impliquait aussi une nostalgie pour la ville de ses ancêtres. C'est dans cet état d'esprit qu'en 1754 il écrivit la Dédicace du *Discours sur l'inégalité*, et fit un retour triomphal et un séjour de quatre mois à Genève, à l'occasion duquel il se sentit gagné par *l'enthousiasme républicain*. Il résolut alors de revenir à la religion de son enfance : *voulant être citoyen je devais être protestant*[1]. Il fut, lors de ce séjour, réintégré dans l'Église de Genève, en même temps qu'il recouvrait officiellement sa qualité de citoyen genevois. Il résolut de venir s'établir à Genève pour le reste de ses jours.

Mais ce projet fit long feu, pour des raisons qui résument assez bien le caractère de Rousseau et le malentendu qui régnait sur ses relations avec la ville de son enfance. Revenu durant l'hiver à Paris pour régler diverses affaires, il eut le sentiment, par différents échos, que sa Dédicace, qu'il avait entre-temps envoyée à Genève puis publiée avec le *Discours*, ne suscitait pas chez les Genevois la gratitude qu'il était en droit d'en attendre. Elle soulevait même chez certains une hostilité dont on comprendra bientôt les raisons. Comme d'autre part son amie Mme d'Épinay avait fait aménager pour lui une maison de campagne dans la forêt de Montmorency (l'Ermitage), Rousseau renonça tout à fait à son projet.

Il ne mit plus jamais les pieds à Genève, et subit même, quelques années plus tard, la vindicte des théologiens et des

1. *Confessions*, l. VIII, *OC*, Pléiade, t. I, p. 392.

magistrats genevois : en 1762, Rousseau fut « décrété de prise de corps » (menacé d'arrestation) non seulement en France, mais également à Genève, où l'*Émile* et le *Contrat social* furent brûlés, *comme téméraires, scandaleux, impies, tendant à détruire la religion chrétienne et tous les gouvernements*[1]. Genève, on peut le noter, fut le seul État à condamner le *Contrat social*. Enfin, en 1763, Rousseau renonça à sa citoyenneté genevoise. Ces démêlés doivent paraître surprenants au lecteur de la Dédicace du *Discours*. Mais c'est précisément pour avoir attribué à Genève une fonction utopique dont elle n'avait que faire que Rousseau éveilla la méfiance et l'hostilité de ses compatriotes, en particulier des dirigeants genevois.

▸ **Le premier texte politique de Rousseau.**

La question traitée par Rousseau dans le *Discours* justifie pleinement, selon lui, qu'il le dédie aux Genevois. Cette question, comme le remarque justement Rousseau, porte au fond sur la juste répartition des droits et des puissances entre les membres de l'État ; elle porte sur la meilleure constitution politique possible. Or la meilleure constitution possible et l'État idéal, Rousseau voudrait les retrouver dans la cité de Genève. La description de Genève permet donc à Rousseau d'annoncer quelques-unes des thèses politiques qu'il développera dans ses ouvrages ultérieurs, en particulier dans le *Contrat social* (1762).

D'abord Genève est un petit État ; et comme le rappellera souvent Rousseau, les petits États sont les plus faciles à gouverner, et les mieux adaptés aux institutions républicaines. En effet, dans un tel État, les hommes se connaissent, s'aiment et se surveillent mutuellement : la vertu républicaine y règne mieux qu'ailleurs. L'esprit civique et l'obéissance des citoyens aux lois de l'État doivent s'enraciner, selon Rousseau, dans

1. *Arrêt du Petit Conseil de Genève.*

les cœurs des individus. C'est pourquoi il importe, dit-il, que le peuple ait de « bonnes habitudes », à l'image des Genevois. Et c'est aussi ce qui explique l'adresse aux femmes de la cité à la fin de la Dédicace ; les Genevoises ne bénéficient certes pas des droits politiques des citoyens, mais elles sont chargées de l'une des tâches politiques les plus éminentes : l'éducation des futurs citoyens.

Mais surtout Rousseau croit pouvoir affirmer que Genève est une « république », ce qui, dans son vocabulaire, signifie que dans cette cité la loi seule règne sur les hommes et que le peuple y est souverain[1]. Voilà pourquoi Rousseau estime que Genève combine de la façon la plus juste *l'égalité que la nature a mise entre les hommes et [...] l'inégalité qu'ils ont instituée.* Comme l'écrira Rousseau dans le *Contrat social, la loi peut bien statuer qu'il y aura des privilèges, mais elle n'en peut donner nommément à personne*[2]. Dans une république, les rangs et les privilèges ne sont donc pas définitivement confisqués, mais attribués par le peuple au nom de l'intérêt public. L'hommage aux « Magistrats » de Genève à la fin de la Dédicace, c'est-à-dire aux membres du « Petit Conseil » de la ville, rappelle d'ailleurs ce que Rousseau estime être la fonction des gouvernants : celle de simples serviteurs de la volonté du peuple. Il est à noter que Rousseau les désigne par le titre de *SEIGNEURS MAGNIFIQUES ET TRES HONORÉS*, mais non plus *SOUVERAINS*, comme il le faisait au début de la Dédicace en s'adressant au peuple de Genève dans son ensemble.

Ce faisant, Rousseau insiste évidemment sur le point le plus sensible, celui qui devait nécessairement susciter l'aga-

1. Rousseau nomme « république » un régime dirigé par l'intérêt général, et où le peuple dans son ensemble dispose de la souveraineté, c'est-à-dire du pouvoir législatif. C'est le sens qui est donné habituellement au terme de « démocratie ». Rousseau quant à lui désigne par « démocratie » un régime où le peuple est également en charge du « gouvernement », c'est-à-dire du pouvoir d'appliquer les lois (pouvoir exécutif). Sur ces points, v. *Contrat social,* l. I, chap. VI, et l. III, chap. III.

2. *Contrat social,* l. II, chap. VI, *OC*, Pléiade, t. III, p. 379.

cement et la désapprobation des cercles dirigeants et des patriciens genevois. Car Genève n'est pas la république rêvée par Rousseau, mais une aristocratie où tous les pouvoirs sont détenus non par le « Conseil général », c'est-à-dire par l'assemblée des citoyens, mais par le « Petit Conseil ». Le Petit Conseil est formé de vingt-cinq membres qui se recrutent toujours dans les mêmes familles, et il est seul juge de ce qui doit faire l'objet d'une consultation du Conseil général[1]. Aussi ne doit-il jamais réellement rendre compte au peuple de ses décisions.

Rousseau aura l'occasion plus tard, lorsqu'il sera devenu un homme à abattre aux yeux des magistrats et des théologiens genevois, de polémiquer sur la question des institutions de Genève. Il prendra alors pleine conscience de la distance qui sépare l'idéal républicain de la réalité de la pratique du pouvoir à Genève ; il se fera même, en écrivant les *Lettres de la montagne* (1764), le porte-parole d'une fronde démocratique dirigée contre les institutions genevoises. Pour l'instant, il se contente de romancer une description de Genève, de projeter sur une ville réelle l'image rêvée d'un idéal politique. Ce faisant, il situe d'emblée l'enjeu d'une réflexion portant sur l'inégalité entre les hommes : au fond, l'examen de cette question ne peut aboutir à rien d'autre qu'à affirmer la nécessité rationnelle du principe démocratique.

III. La Préface du Discours

▸ La question de la méthode.

La méthode obligée pour juger de la légitimité de l'inégalité, si l'on en croit la question posée par l'Académie de

1. Sur ce point, v. R. Derathé, *J.-J. Rousseau et la science politique de son temps*, chap. I, § I, p. 9 sq.

Dijon, est une référence à la « loi naturelle ». Or Rousseau commence par s'affranchir de cette obligation : prenant le contre-pied d'un traitement convenu de la question, il en met en cause la formulation. Est-on bien sûr que, pour examiner l'origine et la légitimité de l'inégalité, il faille se référer à ce qu'exige la « nature » ?

La réponse de Rousseau, si on lit attentivement les textes de la Préface et du *Discours*, sera la suivante : si l'on s'interroge sur le rapport de l'homme à la « nature », on découvrira, non pas ce qu'est l'homme d'après la nature, mais ce qu'est l'homme en tant qu'il tourne le dos à la nature. La « nature » de l'homme consiste dans une progressive « dénaturation », et là est le nœud du problème. L'inégalité d'institution, comme toutes les autres institutions humaines, concerne des hommes qui sont, de toute façon et dans tous les aspects de leur existence, dénaturés ou « hors-nature ». La question s'en trouvera radicalement déplacée : toute réflexion portant sur la légitimité des institutions humaines devra tenir compte de cette paradoxale « nature » humaine.

▸ **« Un état qui n'a peut-être point existé ».**

Les observations concernant l'homme à l'état de nature sont soit impossibles, soit très improbables. Ce qui est sûr du moins, c'est que de telles observations, méthodiquement menées, n'ont encore jamais eu lieu, et qu'aucun savant ne peut prétendre disposer d'un matériel scientifique satisfaisant. L'état de nature, écrit Rousseau, est *un état qui n'existe plus, qui n'a peut-être point existé, qui probablement n'existera jamais.* Aussi l'étude relative à l'origine de l'homme tel que nous le connaissons doit-elle faire une place irréductible à la *conjecture*, c'est-à-dire à l'hypothèse et au raisonnement purement philosophique. C'est ce que postule Rousseau, c'est le statut qu'il revendique pour son travail. Rousseau revendiquera encore le droit de laisser de côté tous les « faits » et tous les « livres » pour traiter son sujet. Non qu'il réclame le droit à l'inculture ou à la fantaisie philosophique ; on ne peut qu'être frappé au contraire de la richesse et de la précision de la documentation qu'il mobilise dans le *Discours*. Mais il soupçonne d'emblée les limites de l'enquête empirique et historique et la part de spéculation que comporte nécessairement l'examen d'une objet que l'on qualifierait à bon droit de métaphysique : le passage de la nature à la culture, le basculement de l'animalité à l'humanité.

Comme il l'écrira encore dans l'Exorde,

> il ne faut pas prendre les recherches dans lesquelles on peut entrer sur ce sujet, pour des vérités historiques, mais seulement pour des raisonnements hypothétiques et conditionnels ; plus propres à éclaircir la nature des choses, qu'à en montrer la véritable origine, et semblables à ceux que font tous les jours nos physiciens sur la formation du monde.

Éclaircir la nature des choses plutôt qu'*en montrer la véritable origine*, voilà en quoi consistera en réalité une réflexion sur le rapport qu'entretient l'homme avec un hypothétique « état de nature ».

Le mérite que revendique Rousseau est donc moins d'avoir résolu la question que de l'avoir, ainsi qu'il le dit lui-même, *[réduite] à son véritable état*. On peut le comprendre ainsi : Rousseau, pour reprendre une formule de Socrate, « sait du moins qu'il ne sait rien » sur la réalité de l'état de nature. Et ce faisant il en sait déjà un peu plus sur la nature de l'homme. En insistant sur la difficulté que comporte une connaissance de l'homme à l'état de nature, Rousseau montre « en creux » ce que sont les hommes tels que nous les connaissons, c'est-à-dire à quel point ils sont loin d'un état « naturel ». Paradoxalement, ce qui apparemment fait obstacle à la recherche (la distance quasi infranchissable qui sépare *l'homme de l'homme* de *l'homme de la nature*), cela même contribue en réalité à éclaircir et à résoudre la question de la nature humaine. Ce paradoxe explique certaines hésitations logiques apparentes de Rousseau, et constitue l'originalité de sa démonstration.

▸ **L'homme dénaturé.**

L'hypothèse centrale de Rousseau consiste à décrire l'homme tel que nous le connaissons comme un homme « dénaturé », qui est le résultat d'une *histoire* et de nombreuses modifications qui l'ont éloigné de tout ce que l'on pourrait considérer comme un « état de nature ». Certes, l'on ne peut connaître cette « histoire naturelle de l'homme » que sous la forme d'une *histoire hypothétique.* Il n'est guère possible de savoir avec certitude si tel ou tel événement a effectivement eu lieu, ni à quel moment il a eu lieu. Mais il est très éclairant de supposer, en général, que la *constitution* actuelle de l'homme est le résultat d'une lente modification, et d'identifier les événements clés de cette « humanisation ». On peut à ce propos noter le sens précis que Rousseau donne au terme « constitution », qu'il emploie de préférence à celui de « nature », et qui lui sert à désigner ce qui, en l'homme, est à la fois essentiel et essentiellement modifiable.

L'homme civilisé, selon la formule de Rousseau, est un être *altéré.* On peut entendre ce terme en un sens neutre (l'homme est « rendu autre » – *alter* en latin – par la succession des temps), mais il faut également y voir un jugement de valeur : l'homme, par sa dénaturation, devient un être dégradé, qui a perdu la *céleste et majestueuse simplicité* d'un être *agissant toujours par des principes certains et invariables.* Nous verrons dans la troisième partie du commentaire quel sens exact il faut accorder à cette nostalgie apparente de Rousseau pour l'état de nature. Cependant, pour éviter tout contresens, il convient d'ores et déjà de préciser que ces *principes certains et invariables* se révéleront, dans la première partie du *Discours,* être les règles instinctives d'un animal et non des principes de « sagesse », conscients et raisonnés. Cet « homme de la nature », quoiqu'il possède en puissance les facultés d'un être libre et raisonnable, a tout d'un simple animal.

▸ **Les impasses du droit naturel.**

Après avoir indiqué les difficultés et les enjeux véritables d'une enquête sur les notions de nature et d'« état de nature », Rousseau achève la Préface en soulignant les difficultés que comporte *a fortiori* la définition d'un « droit naturel » et d'une « loi naturelle ». Il propose un rapide état de la question, un panorama, à tonalité polémique et ironique, de la diversité d'opinion et du désaccord qui règnent *sur cette importante matière*.

Le philosophe distingue trois grandes périodes dans l'histoire du droit naturel : les thèses des *anciens philosophes*, celles des *jurisconsultes romains*, et celles des *modernes*. On doit voir dans les « anciens philosophes » les pères de ce que l'on nomme aujourd'hui le « droit naturel classique », au premier rang desquels se trouvent Aristote et Cicéron. Rousseau n'en dit pas grand-chose, sinon que ces philosophes *semblent avoir pris à tâche de se contredire entre eux sur les principes les plus fondamentaux* – ce qui suffit, à ses yeux, à justifier qu'il ne se réfère pas à eux pour éclaircir la question. Nous reviendrons dans la troisième partie du commentaire sur les thèses du droit naturel classique, et nous verrons pourquoi Rousseau en écarte d'emblée les hypothèses. Quant aux « jurisconsultes romains », ce sont des auteurs comme Ulpien, Paul ou Papinien, qui établirent des principes généraux du droit dans l'Empire romain du IIIe siècle après J.C. Ceux-ci font l'erreur, selon Rousseau, de ne pas distinguer les « lois de la nature » au sens des régularités observables dans le monde physique (la chute des corps, les instincts animaux, etc.), des « lois » au sens prescriptif du terme, c'est-à-dire des obligations (morales ou juridiques) imposées à des êtres libres.

Enfin les « modernes » dont parle Rousseau sont les pères de l'école du « droit naturel moderne », Grotius et Pufendorf, et les philosophes qui se sont à des degrés divers inspirés d'eux, Hobbes et Locke en particulier. Les « modernes », selon Rousseau, font de la loi *une règle prescrite à un être moral, c'est-à-dire intelligent, libre, et considéré dans ses rapports avec d'autres êtres.* L'expression « être moral », il faut le préciser, ne sert pas à désigner un être nécessairement bon et juste, mais un être capable de comprendre et de reconnaître une obligation, qu'elle soit « morale » au sens propre, ou juridique. Cette conception de la loi est celle qui sera reprise à son compte par Rousseau lorsqu'il recherchera des principes de légitimité universels et les obligations sociales qui s'imposent à tous les hommes. Mais Rousseau reste réticent sur le contenu que ses prédécesseurs donnent à ce qu'ils nomment la « loi naturelle ». Le paradoxe de la position des « modernes », selon Rousseau, tient précisément à ceci qu'ils nomment « naturelles » des règles que seul un être intelligent, au prix d'un travail plus ou moins approfondi de réflexion, pourrait comprendre et reconnaître.

De ces critiques, il ne faut pas conclure que Rousseau décide de chercher tout à fait ailleurs les principes légitimes et universels d'établissement des sociétés. Au contraire, Rousseau va reprendre à son compte un certain nombre d'hypothèses des « modernes », mais il va en ajuster la formulation et en préciser la signification.

IV. L'Exorde du Discours

L'Exorde était probablement la seule introduction au *Discours* dans son premier état, c'est-à-dire tel qu'il fut envoyé à l'Académie de Dijon. Il est plus incisif et plus explicite que la Préface, et il résume assez bien le contenu du *Discours*. Outre la dramatisation rhétorique du propos, qui conduit Rousseau à prendre l'humanité tout entière à témoin, il faut retenir de cet Exorde une distinction lumineuse entre *inégalité physique* et *inégalité morale :*

> Je conçois dans l'espèce humaine deux sortes d'inégalité ; l'une que j'appelle naturelle ou physique, parce qu'elle est établie par la nature, et qui consiste dans la différence des âges, de la santé, des forces du corps, et des qualités de l'esprit, ou de l'âme, l'autre qu'on peut appeler inégalité morale, ou politique, parce qu'elle dépend d'une sorte de convention, et qu'elle est établie, ou du moins autorisée par le consentement des hommes. Celle-ci consiste dans les différents privilèges, dont quelques-uns jouissent, au préjudice des autres, comme d'être plus riches, plus honorés, plus puissants qu'eux, ou même de s'en faire obéir.

Ce qui est en discussion est l'inégalité « morale », c'est-à-dire l'inégalité des statuts sociaux et politiques. Il va de soi que cette inégalité ne s'explique pas par des différences naturelles entre les hommes : l'argent ou la naissance, par exemple, peuvent donner une puissance d'action démesurée à un homme qui, hors de l'état de civilisation, ne serait qu'un individu faible et médiocre parmi d'autres.

Ce dont il s'agit essentiellement, c'est donc de faire une généalogie hypothétique des conventions sociales, et des inégalités qu'elles engendrent. La principale originalité que Rousseau revendique pour sa réflexion est de n'avoir pas confondu ce qui appartient à la « nature » et ce qui appartient à la civilisation.

Quant aux conséquences politiques et critiques qu'il faudra tirer de cette description, elles semblent dans l'Exorde réduites au néant et à un pessimisme radical, pessimisme qui naît du spectacle de toute existence sociale. Rousseau montrera en effet que l'inégalité d'institution, quoique injuste et irrationnelle, est le résultat nécessaire de toute existence civilisée : la civilisation, pour Rousseau, naît et se nourrit de l'amour de l'inégalité. Cependant il faut relativiser la portée du pessimisme politique sur lequel s'achève cet Exorde. Comme le montrera le *Discours* lui-même, et comme le montreront les textes politiques à venir de Rousseau, le philosophe, quoique plus lucide que tout autre sur la difficulté essentielle de la tâche, ne renoncera jamais à rechercher les conditions d'un ordre politique juste et raisonnable, ou du moins aussi raisonnable que le permet « l'insociable sociabilité » de l'homme[1].

V. La première partie du Discours

1. Le cadre de la recherche

▸ **L'homme de la nature est une abstraction.**

La première partie du *Discours* propose une description, construite par raisonnement, de l'homme dans le *premier état de nature*[2], c'est-à-dire avant que ne commence l'« histoire » qui va le conduire à l'état politique.

La description fait délibérément l'impasse sur l'histoire réelle de l'homme préhumain, telle que *l'anatomie comparée*, qui remonte à Aristote et qu'illustrent Buffon ou Linné à l'époque de Rousseau, tente de la restituer. L'homme a peut-être été un animal velu et quadrupède avant d'être ce qu'il est devenu. Mais cette paléoanthropologie (étude empirique des origines de l'homme) n'intéresse pas Rousseau, quoiqu'il se révèle fort averti des recherches les plus récentes dans ce domaine. C'est d'un travail d'abstraction et de raisonnement que doit se dégager le tableau de l'homme de la nature. Rousseau se contente de *dépouiller* l'homme tel que nous le connaissons aujourd'hui *de tous les dons surna-*

1. L'expression «insociable sociabilité» est une célèbre formule de Kant (*Idée d'une histoire universelle du point de vue cosmopolitique*, § 4), inspirée des descriptions anthropologiques de Rousseau.

2. Rousseau distingue deux états de nature. Cf. *infra*, analyse de la deuxième partie du *Discours*.

turels qu'il a pu recevoir, et de toutes les facultés artificielles qu'il n'a pu acquérir que par de longs progrès. La description qu'il propose est une description obtenue « par élimination », en retranchant de l'homme civilisé tout ce qui relève des artifices de la civilisation[1].

▸ **Les préjugés à détruire.**

L'intention générale de Rousseau est énoncée explicitement à la fin de cette première partie : *ayant d'anciennes erreurs et des préjugés invétérés à détruire*, écrit-il, *j'ai cru devoir creuser jusqu'à la racine.* Ces préjugés sont de plusieurs sortes, mais on peut les résumer en deux grandes catégories. Rousseau réfute d'abord les auteurs qui, comme Hobbes, voient dans l'état de nature un état de lutte et de violence entre les hommes : l'agressivité et le goût pour la compétition sont, selon Rousseau, des tendances factices, qui se révèlent dans la société. Il réfute ensuite les thèses qui affirment l'existence d'une « sociabilité naturelle » – thèses que l'on trouve aussi bien chez les auteurs du droit naturel classique, comme Aristote, que chez certains auteurs du droit naturel moderne, comme Grotius ou Locke. Si vraiment l'on veut se représenter un homme à « l'état de nature », dit Rousseau, il faudra le considérer comme un être solitaire, qui n'éprouve ni haine, ni attirance, ni respect pour les autres hommes, tout au plus une obscure sympathie affective. Cet homme n'étant pas encore intelligent ni raisonnable, il n'a pas d'idée du bien et du mal, il ne connaît donc aucune des règles morales que s'impose l'homme civilisé. Mais il n'a aucune raison pourtant de faire le mal, et il est, de fait, bien plus inoffensif que l'homme civilisé.

Afin d'en donner une idée synthétique, nous ne suivons

1. Certaines références à la réalité, notamment à des descriptions d'« hommes sauvages », montrent que ce mépris des faits ne va pas sans ambiguïté. Nous y reviendrons dans la troisième partie du commentaire.

pas l'ordre exact du texte et nous présentons la pensée de l'auteur de façon plus scolaire et systématique qu'il ne le fait lui-même.

2. La description de l'état de nature : la solitude autarcique

▸ **La description physique.**

Rousseau suppose d'emblée que ce qui fait la caractéristique essentielle de l'homme civilisé n'est pas tant relatif à sa morphologie, qu'à ses facultés et à ses désirs ; c'est donc sous la forme d'un homme physiologiquement identique à l'homme civilisé qu'il cherchera à décrire l'homme de la nature :

> Je le supposerai conforme de tous temps, comme je le vois aujourd'hui, marchant à deux pieds, se servant de ses mains comme nous faisons des nôtres, portant ses regards sur toute la nature, et mesurant des yeux la vaste étendue du ciel.

La première différence importante qui distingue l'homme de la nature de l'homme civilisé est la solitude : les hommes sont à l'origine *dispersés*. Rousseau se les représente isolés les uns des autres, pour une raison qu'il détaillera bientôt, mais qui se devine aisément : c'est dans la société de ses semblables que l'homme trouve les ferments et la raison d'être du développement de ses facultés.

Ensuite cet homme est heureux, au sens où il n'a pas de besoins qu'il ne puisse aisément et immédiatement satisfaire. Ceci tient d'abord à ses facultés physiques : il est *moins fort que les uns, moins agile que les autres*, mais globalement *organisé le plus avantageusement de tous*, d'autant plus qu'à la différence de l'homme civilisé, l'exercice continu de son corps lui donne *un tempérament robuste et presque inaltérable*. Il possède donc un avantage essentiel aux yeux de Rousseau : il a *sans cesse toutes ses forces à sa disposition*, il est *toujours prêt à tout événement*, et il *se [porte], pour ainsi dire, toujours tout entier avec soi*. Autant dire qu'il s'approche, du point de vue des dispositions physiques, de l'idéal rousseauiste d'une existence autarcique.

En outre il n'a guère d'efforts à faire pour acquérir ce dont il a besoin. S'appuyant sur l'une des plus éminentes autorités scientifiques de son époque (Buffon, qui avait écrit peu de temps auparavant une *Théorie de la terre*), Rousseau estime que la terre laissée à son état naturel est très fertile, et offre des ressources en abondance. Voilà pourquoi il imagine avec plaisir son homme de la nature *se rassasiant sous un chêne, se désaltérant au premier ruisseau, trouvant son lit au pied du même arbre qui lui a fourni son repas.*

▸ **La description psychologique.**

Cette facilité à se satisfaire ne tient cependant pas seulement aux conditions matérielles ou objectives de l'existence de cet homme, mais surtout à des conditions psychologiques ou subjectives. Ce qui le rend aisément satisfait n'est pas tant la profusion et la facilité d'accès des objets de ses désirs, que la médiocrité et le nombre limité de ses désirs. C'est dans une telle disposition psychologique qu'il faudra trouver la raison d'être véritable du bonheur autarcique de l'homme de la nature.

L'homme de la nature, comme les animaux, n'obéit à aucune autre exigence que celle de satisfaire des besoins au sens strict, c'est-à-dire des besoins biologiques, directement explicables par des impératifs de survie : *l'homme sauvage sujet à peu de passions, et se suffisant à lui-même, [n'a] que les sentiments et les lumières propres à cet état, [et ne sent] que ses vrais besoins.* Manger, dormir, se protéger contre le danger, sont de tels besoins. Cette stricte exigence de conservation est ce que Rousseau nomme « l'amour de soi ». L'homme à l'état de nature « s'aime » lui-même, au sens où il préfère sa propre conservation et sa propre jouissance à celle de tout autre (homme ou animal) que lui. Mais ce qu'il aime et préfère en lui n'est autre que ce qu'il *est* réellement et objectivement, c'est-à-dire son moi biologique :

On ne peut désirer ou craindre les choses que sur les idées qu'on en peut avoir, ou par la simple impulsion de la nature ; et l'homme sauvage, privé de toute sorte de lumières, n'éprouve que les passions de cette dernière espèce ; ses désirs ne passent pas ses besoins physiques ; les seuls biens qu'il connaisse dans l'univers sont la nourriture, une femelle et le repos ; les seuls maux qu'il craigne sont la douleur et la faim ; je dis la douleur et non la mort ; car jamais l'animal ne saura ce que c'est que mourir, et la connaissance de la mort, et de ses terreurs, est une des premières acquisitions que l'homme ait faites, en s'éloignant de la condition animale.

« L'amour de soi » est systématiquement distingué par Rousseau de « l'amour-propre », suivant une tradition terminologique classique, bien antérieure au philosophe genevois. L'amour-propre peut être assimilé à la vanité, à l'orgueil, au désir de « considération », comme dit Rousseau, ou de « reconnaissance », comme dira Hegel. L'amour-propre me fait aimer et préférer un « moi » qui n'a plus grand-chose à voir avec le « moi » biologique, puisqu'il s'agit d'une « image du moi », d'un personnage et d'un statut que je désire cultiver et valoriser.

La différence entre amour de soi et amour-propre se vérifie de façon particulièrement significative dans la relation d' « amour » qui lie un homme à une femme, relation que Rousseau analyse longuement :

Commençons par distinguer le moral du physique dans le sentiment de l'amour. Le physique est ce désir général qui porte un sexe à s'unir à l'autre ; le moral est ce qui détermine ce désir et le fixe sur un seul objet exclusivement, ou qui du moins lui donne pour cet objet préféré un plus grand degré d'énergie. Or il est facile de voir que le moral de l'amour est un sentiment factice ; né de l'usage de la société, et célébré par les femmes avec beaucoup d'habileté et de soin pour établir leur empire, et rendre dominant le sexe qui devrait obéir. Ce sentiment étant fondé sur certaines notions du mérite ou de la beauté qu'un sauvage n'est point en état d'avoir, et sur des comparaisons qu'il n'est point en état de faire, doit être presque nul pour lui.

Il existe bien, selon Rousseau, un fondement biologique et « physique » à la relation amoureuse. Mais du point de vue physique, l'acte amoureux se réduit à l'acte sexuel, qui lui-même se réduit à une simple fonction organique. La « nature » donne certes à l'homme naturel le besoin de réaliser cet acte avec une certaine régularité, mais dans les bornes de ce qui est strictement indispensable du point de vue biologique. Il le fera sans choisir sa compagne, non plus que la compagne ne choisira son compagnon. L'acte ne sera précédé d'aucune séduction, et il ne sera suivi d'aucune familiarité, d'aucun attachement durable. En bref, ce que l'amour n'est pas à l'état de nature, c'est une relation de préférence et de désir véritable. Une telle relation (véritablement « amoureuse ») naît avec la civilisation et la société, et elle peut se décrire comme une forme particulière d'« amour-propre ». Le désir amoureux, que savent si bien faire naître et entretenir les femmes, si l'on en croit Rousseau, n'est pas un simple besoin organique et bestial, mais un désir d'être aimé et désiré par l'autre. Dans la préférence et la séduction amoureuse se joue un complexe jeu social dont l'enjeu est la considération dont bénéficient chacun des deux amants, aussi bien dans le regard qu'ils portent l'un sur l'autre que dans le regard que les autres portent sur eux.

▸ **La seule « morale » naturelle : la disposition à la pitié.** Seule la fréquentation suivie des autres hommes développera en chaque homme ses dispositions « sociables ». Or, par « sociabilité », il faut entendre, outre le désir d'être aimé et considéré, la reconnaissance d'obligations morales et de règles de justice. Son absence d'intelligence rend l'homme de la nature peu belliqueux, mais également incapable de reconnaître des concepts tels que ceux de « bien » et de « mal », c'est-à-dire des normes ou des obligations morales. Un tel homme n'est donc pas immoral (ce qui signifierait qu'il refuse délibérément d'obéir à des règles morales) ; il est amoral, c'est-à-dire qu'il ne sait même pas ce que de telles normes signifient : *les hommes dans cet état n'ayant entre eux aucune sorte de relation morale, ni de devoirs connus, ne pouvaient être ni bons ni méchants, et n'avaient ni vices ni vertus.* Cependant, bien qu'il ne s'impose aucune obligation morale, l'homme de la nature n'est pas pour autant un monstre agressif et dangereux.

N'allons pas surtout conclure avec Hobbes, écrit Rousseau, *que pour n'avoir aucune idée de la bonté, l'homme soit naturellement méchant, qu'il soit vicieux parce qu'il ne connaît pas la vertu.* Se représenter l'homme de la nature comme agressif et dangereux, c'est imaginer un homme civilisé, donc insensible et orgueilleux, qui serait affranchi des injonctions morales et juridiques qui lui interdisent, dans la société, de réaliser ses tendances au mal. Or l'homme de la nature, n'ayant que des besoins, est pour l'essentiel indifférent à ses congénères, et on ne peut lui supposer aucun désir de mal faire. Il est donc inoffensif, non parce qu'il le veut, mais parce que sa nature le détermine à l'être.

Les raisons de le supposer inoffensif sont d'autant plus grandes qu'il est soumis à un autre principe que l'instinct de conservation, à savoir le sentiment de la pitié, qui est un phénomène d'identification affective à l'égard de tout autre être sensible. Il n'est certes pas impossible que l'homme de la nature soit conduit, pour des raisons de survie, à entrer en conflit avec d'autres hommes. Mais il ne leur fera jamais subir de violence gratuite et inutile, il les assistera même à l'occasion. Non pas qu'il obéisse à des devoirs de sociabilité, mais simplement parce qu'il répugne à voir souffrir un être sensible. La pitié, *vertu d'autant plus universelle et d'autant plus utile à l'homme qu'elle précède en lui l'usage de toute réflexion, et si naturelle que les bêtes mêmes en donnent quelquefois des signes sensibles,* est particulièrement vivace chez l'homme de la nature, précisément parce que chez lui la sensibilité trouve champ libre et reste le principe dominant.

La pitié, comme nous le verrons, ne peut certes suffire à fonder des rapports de justice entre les hommes ; seule la raison peut donner un véritable fondement à la justice et au droit. Mais la pitié doit servir d'« intermédiaire » entre le moment où les hommes commencent à vivre en société, et donc à entrer en conflit, et le moment – peut-être chimérique – où ils se révéleront capables de fonder réellement sur la raison une coexistence pacifique. Les hommes ne sont pas tous ni immédiatement capables de se conduire selon les règles de la raison pratique :

> Quoiqu'il puisse appartenir à Socrate, et aux esprits de sa trempe, d'acquérir de la vertu par raison, il y a longtemps que le genre humain ne serait plus, si sa conservation n'eût dépendu que des raisonnements de ceux qui le composent.

La pitié, qui est irrationnelle ou « prérationnelle », permet donc de « limiter les dégâts » de l'agressivité sociale :

> C'est [la pitié] qui, au lieu de cette maxime sublime de justice raisonnée : « Fais à autrui comme tu veux qu'on te fasse », inspire à tous les hommes cette autre maxime de bonté naturelle bien moins parfaite, mais plus utile peut-être que la précédente : « Fais ton bien avec le moindre mal d'autrui qu'il est possible. »

3. L'humanité en puissance

▸ **Entendement et liberté.**

L'homme tel que décrit jusqu'ici n'est autre chose, pour reprendre une formule du *Contrat social*, qu'*un animal stupide et borné*[1] ; ou, si l'on veut s'en tenir aux formules moins tranchées du second *Discours*, un être dont l'*âme, que rien n'agite, se livre au seul sentiment de son existence actuelle.* Il reste à comprendre ce qui fait de lui, en puissance, un être civilisé. C'est pourquoi Rousseau, dès le début de cette première partie, « réserve », dans sa description, l'espace d'une transformation de l'animal en homme, de l'être naturel en

1. *Du Contrat social,* l. I, chap. VIII, *OC*, Pléiade, t. III, p. 364.

être civilisé. Il montre donc que l'homme de la nature possède en germe des dispositions qui le distinguent, ou qui le distingueront lorsqu'elles se seront développées, de l'animal.

Reprenant une célèbre formule de Montaigne selon laquelle il y a parfois plus de distance de tel homme à tel homme que de tel homme à telle bête[1], Rousseau semble la reprendre à son compte, mais en lui donnant une signification très restrictive. Il admet que la faculté de posséder des idées (ce que l'on appelle, traditionnellement, « l'entendement ») ne varie, de l'animal à l'homme, que selon une différence de degré (l'homme possède seulement *plus* d'idées que l'animal). En effet, nul ne peut nier qu'un animal possède des représentations génériques, lointainement comparables à des « concepts » ou à des « idées », tirées de la mise en rapport des sensations. On pourrait dire, à l'appui de l'affirmation de Rousseau, qu'un renard ne court pas toujours après le même lièvre.

Mais il réfute aussitôt le jugement de Montaigne dans sa signification la plus forte, en montrant que, sur l'essentiel, la différence de l'animal (aussi développé soit-il) à l'homme (aussi demeuré soit-il) est une différence qualitative, une véritable rupture : quoique possiblement sot, l'homme n'est jamais « bête » au sens où les bêtes, précisément, le sont. Aucun homme (pas même l'enfant ni le simple d'esprit) n'est si abruti ou enfermé dans sa simplicité, que ses actes ne puissent être qualifiés de *délibérés* et en quelque façon réfléchis. *La nature seule fait tout dans les opérations de la bête, au lieu que l'homme concourt aux siennes, en qualité d'agent libre. L'un choisit ou rejette par instinct, et l'autre par un acte de liberté.* L'animal est une quasi-machine, car il est déterminé, dans chacun de ses actes, par ses instincts, c'est-à-dire par des lois de la nature. Or l'homme n'a pas d'instincts, et c'est là ce qui le distingue absolument d'un animal ; ses actes

1. *Essais* de Montaigne, l. I, chap. 42.

ne peuvent s'expliquer autrement que par des décisions conscientes et délibérées[1].

▸ **La perfectibilité.**

Certes, reconnaît Rousseau, la faculté de décider librement, et l'existence d'une *spiritualité*, sont en elles-mêmes inobservables et invérifiables, et peuvent donc donner lieu à d'interminables discussions. Mais il existe un moyen très simple et très concret de vérifier la supériorité qualitative de l'homme sur l'animal. Il suffit de prêter attention à la faculté qu'a l'homme, et l'homme seulement, de se *perfectionner*. La démonstration de Rousseau est à retenir pour sa pertinence et son efficacité – d'autant qu'elle porte sur la question éternellement (et maladroitement) rebattue d'une improbable intelligence animale. Rousseau invente, dans le *Discours sur l'inégalité*, le terme de *perfectibilité*, qui est ensuite entré dans la langue française, précisément pour caractériser, comme le fait Rousseau, la plus visible et la plus significative des spécificités humaines.

Qu'est-ce que la perfectibilité ? Il ne faut pas attribuer à cette notion une connotation morale. Il s'agit essentiellement d'une augmentation de puissance et d'efficacité, dont rien n'empêche qu'elle conduise l'homme à agir contre son bonheur et contre celui des autres. Rousseau montrera même que les premiers « perfectionnements » de l'homme se traduisent par la naissance du vice et la capacité de mal faire. En quoi consiste alors cette « augmentation de puissance » ? Elle est d'abord la capacité qu'a l'homme d'accumuler et d'augmenter ses connaissances, aussi bien en conservant ses souvenirs et en recensant ses expériences passées, qu'en découvrant de nouvelles explications théoriques

1. On remarquera qu'une hésitation semble traverser le texte de cette première partie du *Discours,* puisque Rousseau fait parfois de l'homme à l'état de nature un simple animal, mû par ses instincts, alors qu'il lui attribue en d'autres endroits une liberté intelligente. Nous reviendrons, dans la troisième partie du commentaire, sur la signification de cette hésitation.

et de nouveaux savoir-faire. Mais Rousseau la définit comme la *faculté qui, à l'aide des circonstances, développe successivement toutes les autres.* Il s'agit donc surtout de l'aptitude qu'a l'homme de cultiver et de perfectionner *les facultés mêmes* qui lui permettent de connaître et de comprendre, c'est-à-dire son intelligence et sa raison – ainsi que sa curiosité, son désir de savoir et d'agir. La perfectibilité se constate non seulement dans la quantité des acquis, mais aussi et surtout dans la *faculté d'acquérir* et de faire usage des connaissances.

Cette faculté de se perfectionner, précise Rousseau, concerne aussi bien chaque individu que l'espèce humaine dans son entier. Un homme n'est jamais « achevé », il n'a jamais fini d'apprendre, de chercher à comprendre la nature et à se définir, aussi longtemps du moins que la vieillesse ne vient pas altérer l'ensemble de ses facultés. L'espèce humaine, de même, ne cesse d'accroître et de modifier ses savoirs et de se donner de nouveaux buts à atteindre. *Un animal*, au contraire, *est, au bout de quelques mois, ce qu'il sera toute sa vie, et son espèce, au bout de mille ans, ce qu'elle était la première année de ces mille ans.* La différence, dans le cas de l'individu comme dans celui de l'espèce, consiste donc en ceci que la capacité de se perfectionner est finie chez l'animal, alors qu'elle est potentiellement infinie chez l'homme. On ne peut nier, en effet, que certains animaux manifestent, dans leurs comportements, une marge d'apprentissage et d'autocorrection. Mais précisément, ce « perfectionnement » animal est toujours borné à une certaine marge, comprise dans les bornes des facultés innées de l'animal, facultés qui sont elles-mêmes fixées par la nature à un certain degré de complexité et d'adaptation aux problèmes. Que, dans le cas de l'homme, les facultés mêmes puissent se modifier et se développer explique que l'homme se pose à l'infini de nouveaux problèmes à résoudre, auxquels il se révèle capable à l'infini d'apporter de nouvelles réponses.

▸ Ce que la raison doit aux passions.

Rousseau analyse ensuite les causes efficientes de ce processus de développement :

> Quoi qu'en disent les moralistes, l'entendement humain doit beaucoup aux passions, qui, d'un commun aveu, lui doivent beaucoup aussi : c'est par leur activité que notre raison se perfectionne ; nous ne cherchons à connaître que parce que nous désirons de jouir, et il n'est pas possible de concevoir pourquoi celui qui n'aurait ni désirs ni craintes se donnerait la peine de raisonner. Les passions, à leur tour, tirent leur origine de nos besoins, et leur progrès de nos connaissances ; car on ne peut désirer ou craindre les choses que sur les idées qu'on en peut avoir, ou par la simple impulsion de la nature.

L'auteur reprend une idée assez courante *(d'un commun aveu)*, selon laquelle les passions, c'est-à-dire les impulsions du besoin et du désir, se nourrissent de l'accroissement de l'intelligence : plus nombreux et plus complexes sont les objets qu'il est donné à l'esprit de concevoir, plus nombreuses sont les tentations et les occasions de désirer. Mais c'est en prenant à rebours un préjugé fort ancien que Rousseau inverse la proposition et attribue aux passions elles-mêmes un rôle dans le développement de la raison.

Par « raison », il faut entendre la faculté qu'a l'homme de faire des *raisonnements*, c'est-à-dire d'enchaîner des idées selon des relations de nécessité, de chercher des principes, de fonder et de « rendre raison » de ses actes et de ses certitudes, donc de penser et d'agir librement. Or selon Rousseau la raison, condition d'une véritable liberté, ne naît pas toute constituée et toute achevée. Elle doit au contraire germer et croître peu à peu. Surtout, elle doit prendre une forme et un développement relatifs à des circonstances qui lui sont extérieures, et qu'elle ne maîtrise pas, puisqu'elle se développe au gré des *désirs* qui mobilisent et qui dirigent son activité. La seconde partie du *Discours* détaillera les mécanismes de cette compromission originelle de la raison à l'égard des passions, en montrant en particulier comment la faculté de *comparer*, en laquelle consiste par excellence l'intelligence, prend toute sa vigueur lorsqu'il s'agit d'aimer et de *préférer*.

▸ **La question historique.**

Rousseau achève cette première partie du *Discours* en annonçant les conséquences qu'il tirera de sa description pour le traitement de la question posée : ce sont les progrès de l'amour-propre qui expliquent l'origine et l'accroissement des inégalités et de toutes les formes de servitudes que l'on constate dans la société. Celles-ci ne doivent donc rien à la « nature ». Rousseau annonce la solution, mais il estime néanmoins que l'analyse n'est pas complète si elle se réduit à la description de la *différence* entre l'état de nature et l'état de civilisation. Il a longuement insisté, dans cette première partie, sur tous les obstacles qui s'opposent au changement d'état de l'homme naturel : la complexité des acquis de la civilisation (les connaissances techniques telles que l'agriculture, mais surtout le langage articulé) est telle, qu'il faut presque supposer des miracles pour concevoir leur invention. Mais il ne peut être question de s'en rapporter à des miracles. Il reste donc à imaginer une histoire vraisemblable de la civilisation, ou du moins à marquer les phases décisives et les points de rupture de cette évolution. C'est ce que l'auteur se propose d'exposer dans la seconde partie du *Discours* :

> Après avoir prouvé que l'inégalité est à peine sensible dans l'état de nature, et que son influence y est presque nulle, il me reste à montrer son origine, et ses progrès dans les développements successifs de l'esprit humain. Après avoir montré que la perfectibilité, les vertus sociales et les autres facultés que l'homme naturel avait reçues en puissance ne pouvaient jamais se développer d'elles-mêmes, qu'elles avaient besoin pour cela du concours fortuit de plusieurs causes étrangères qui pouvaient ne jamais naître, et sans lesquelles il fût demeuré éternellement dans sa condition primitive ; il me reste à considérer et à rap-

procher les différents hasards qui ont pu perfectionner la raison humaine, en détériorant l'espèce, rendre un être méchant en le rendant sociable, et d'un terme si éloigné amener enfin l'homme et le monde au point où nous les voyons.

VI. *La deuxième partie du* Discours

1. Le cadre de la recherche

▸ **« Reprenons donc les choses de plus haut ».**

Le lecteur qui ne connaît pas grand-chose du *Discours sur l'inégalité* connaît au moins les lignes suivantes, qui ouvrent la deuxième partie :

> Le premier qui, ayant enclos un terrain, s'avisa de dire : Ceci est à moi, et trouva des gens assez simples pour le croire, fut le vrai fondateur de la société civile. Que de crimes, de guerres, de meurtres, que de misères et d'horreurs n'eût point épargnés au genre humain celui qui, arrachant les pieux ou comblant le fossé, eût crié à ses semblables : « Gardez-vous d'écouter cet imposteur ; vous êtes perdus, si vous oubliez que les fruits sont à tous, et que la terre n'est à personne. »

Cette accroche n'est pas sans importance. Elle installe la deuxième partie du *Discours* dans une tonalité profondément critique ; elle rappelle les enjeux concrets – politiques et économiques – d'une réflexion sur l'inégalité. Cependant la dramatisation du propos ne doit pas aveugler le lecteur. Il ne doit surtout pas y voir une réponse à la question posée à la fin de la première partie : comment s'est fait le passage de l'état de nature à l'état civil ? L'invention de la propriété, pour cruciale qu'elle soit, n'est pas le véritable point de rupture, le moment de la chute d'un état de tranquille innocence à un état d'inquiétude et de rivalité. Il faut lire la deuxième partie avec grande attention, pour identifier les véritables points de rupture, ceux qui précèdent et expliquent cet *effet*, cette ultime conséquence qu'est l'invention de la propriété. Rousseau écrit immédiatement à la suite de ces premières lignes :

> Mais il y a grande apparence, qu'alors les choses en étaient déjà venues au point de ne pouvoir plus durer comme elles étaient ; car cette idée de propriété, dépendant de beaucoup d'idées antérieures qui n'ont pu naître que successivement, ne se forma pas tout d'un coup dans l'esprit humain. Il fallut faire bien des progrès, acquérir bien de l'industrie et des lumières, les transmettre et les augmenter d'âge en âge, avant que d'arriver à ce dernier terme de l'état de nature. Reprenons donc les choses de plus haut et tâchons de rassembler sous un seul point de vue cette lente succession d'événements et de connaissances, dans leur ordre le plus naturel.

▸ **Les principales phases de « l'histoire hypothétique ».** Rousseau distingue deux « états de nature ». Le *premier état de nature* est l'état « originel » de l'homme, décrit précédemment, que l'homme quitte dès que commence le processus de « dénaturation » ; le second « état de nature » contient toute l'histoire de l'homme qui précède l'établissement des sociétés *politiques*. Il existe donc pour Rousseau un état civil prépolitique de l'homme, où celui-ci vit en société avec ses semblables, sans être encore soumis à des gouvernements et à des lois. On distingue six phases dans la *succession d'événements* qui conduisent au dernier état de la socialisation[1] :

— Les premiers perfectionnements individuels.

— Les premiers rapprochements entre hommes isolés : les associations ponctuelles, puis la création des premières familles.

— Le rapprochement entre les familles, la création de « nations ».

1. Il n'est pas absolument légitime de parler de la création des sociétés politiques comme du dernier état de la socialisation, puisque Rousseau réserve, dès le *Discours*, et plus encore dans l'*Émile*, la perspective d'une société cosmopolitique, qui serait le véritable achèvement de la civilisation.

— L'invention de techniques complexes, rendant nécessaire une organisation sociale du travail.

— L'apparition des premiers véritables conflits sociaux.

— L'invention nécessaire d'une organisation politique des sociétés.

2. La première révolution : l'amour-propre

▸ **Les premiers perfectionnements et les premiers rapprochements.**

L'homme à l'état de nature fait l'expérience de la diversité naturelle, et d'une certaine résistance de la nature, plus ou moins grande selon les lieux et les années. Il arrive que les fruits ne soient plus si faciles à atteindre, que la concurrence des autres animaux – et des autres hommes, puisque leur nombre augmente – se fasse plus vive, que les terrains et les climats ne soient plus aussi généreux, et il faut s'adapter pour survivre. L'homme naturel trouve là l'occasion d'exercer sa « perfectibilité ». Les variations et la diversité dont la nature offre le spectacle sont donc les véritables causes des premiers développements de l'intelligence. Elles obligent l'esprit à exercer ce que Rousseau estime être par excellence l'activité intelligente : la faculté de comparer, et d'établir des rapports entre les objets. Quelques heureux hasards, compris et conservés par l'intelligence naissante de l'homme, lui permettent alors d'acquérir quelques techniques élémentaires, telles que la domestication du feu.

Cette faculté de comparer conduit également l'homme à *se* comparer avec ce qui l'entoure. Il commence à percevoir sa supériorité à l'égard de la nature et des animaux, et à en faire un objet de fierté. Puis chaque homme se compare aux autres hommes, et perçoit ce qu'ils ont en commun. Il conçoit alors l'intérêt qu'il peut avoir à s'associer ponctuellement avec quelques-uns d'entre eux, par exemple pour chasser un gros gibier :

> S'agissait-il de prendre un cerf, chacun sentait bien qu'il devait pour cela garder fidèlement son poste ; mais si un lièvre venait à passer à la portée de l'un d'eux, il ne faut pas douter qu'il ne le poursuivît sans scrupule, et qu'ayant atteint sa proie il ne se souciât fort peu de faire manquer la leur à ses compagnons.

Il n'y a pas encore là de véritable société, mais les premiers progrès techniques, dictés par de simples exigences de conservation et de confort, auront en revanche une conséquence importante : la construction des premières *huttes de branchages, qu'on s'avisa ensuite d'enduire d'argile et de boue.* Ceci rend possible l'établissement durable des premières familles. Cette *situation nouvelle*

> réunissait dans une habitation commune les maris et les femmes, les pères et les enfants ; l'habitude de vivre ensemble fit naître les plus doux sentiments qui soient connus des hommes, l'amour conjugal, et l'amour paternel. Chaque famille devint une petite société d'autant mieux unie que l'attachement réciproque et la liberté en étaient les seuls liens ; et ce fut alors que s'établit la première différence dans la manière de vivre des deux sexes, qui jusqu'ici n'en avaient eu qu'une.

Des habitudes de confort, ainsi que les premiers perfectionnements de la parole, naissent de ce nouveau mode de vie. Ces premiers changements prennent particulièrement d'ampleur et deviennent durables lorsque un certain nombre de familles, pour des raisons géographiques, vivent constamment rassemblées et isolées du reste de l'humanité : *il est au moins très vraisemblable que la société et les langues ont pris naissance dans les îles et s'y sont perfectionnées avant que d'être connues dans le continent.*

▸ **Le rapprochement des familles et la création des nations.** Les hommes *se réunissent* alors *en diverses troupes, et forment enfin dans chaque contrée une nation particulière, unie de mœurs et de caractères.* Il faut noter que le terme de « nation » désigne, au XVIIIe siècle, non pas une collectivité politique, unie par les liens juridiques de la « nationalité » (Rousseau parlerait alors plutôt de « peuple »), mais une population identifiable par une appartenance géographique, une origine et une culture communes.

Ce *voisinage permanent* entre familles rend possible l'apparition du véritable sentiment amoureux :

> On s'accoutuma à s'assembler devant les cabanes ou autour d'un grand arbre : le chant et la danse, vrais enfants de l'amour et du loisir, devinrent l'amusement ou plutôt l'occupation des hommes et des femmes oisifs et attroupés. Chacun commença à regarder les autres et à vouloir être regardé soi-même, et l'estime publique eut un prix. Celui qui chantait ou dansait le mieux ; le plus beau, le plus fort, le plus adroit ou le plus éloquent devint le plus considéré, et ce fut là le premier pas vers l'inégalité, et vers le vice en même temps : de ces premières préférences naquirent d'un côté la vanité et le mépris, de l'autre la honte et l'envie ; et la fermentation causée par ces nouveaux levains produisit enfin des composés funestes au bonheur et à l'innocence.
>
> Sitôt que les hommes eurent commencé à s'apprécier mutuellement et que l'idée de la considération fut formée dans leur esprit, chacun prétendit y avoir droit, et il ne fut plus possible d'en manquer impunément pour personne. De là sortirent les premiers devoirs de la civilité, même parmi les sauvages, et de là tout tort volontaire devint un outrage, parce qu'avec le mal qui résultait de l'injure, l'offensé y voyait le mépris de sa personne souvent plus insupportable que le mal même.

La scène peut paraître anecdotique et bien fantaisiste, il reste qu'elle contient quelques éléments symboliques essentiels. Pour la première fois, les rapports entre les hommes sont dominés par une inquiétude qui n'a plus rien à voir avec le strict intérêt physique. Le souci de la considération publique devient la préoccupation dominante. Pour le regard d'une femme ou d'un rival, pour l'honneur ou pour le prestige, on se révèle prêt à sacrifier cette prudente modération dont l'instinct de conservation avait fait, à l'état de nature, l'impératif le plus élémentaire : *la jalousie s'éveille avec l'amour ; la discorde triomphe et la plus douce des passions reçoit des sacrifices de sang humain.* C'est donc à ce

« moment » de l'histoire humaine que commence le véritable antagonisme entre les hommes, antagonisme qui porte l'homme aux violences et aux excès que Hobbes avait situés dans l'état de nature, alors qu'ils caractérisent précisément l'entrée dans l'état de civilisation.

L'amour au sens plein et humain du terme résume pour Rousseau toute l'ambiguïté du passage de l'état de nature à l'état civil. Les jeux de séduction sont certes l'occasion pour les hommes de découvrir les attraits et les perspectives de la sociabilité, de se montrer entreprenants et ambitieux, de cultiver leur faculté de juger, de préférer et de décider – autant dire leur liberté. Avec l'apparition des notions de honte et d'estime, *la moralité [commence] à s'introduire dans les actions humaines*, et donc *les premiers devoirs de la civilité.* Mais ces jeux de séduction sont en même temps l'origine la plus décisive de l'inquiétude et de la rivalité qui empoisonnent l'existence des hommes civilisés.

Il faut noter que Rousseau voit dans cet état de la civilisation *le degré où étaient parvenus la plupart des peuples sauvages qui nous sont connus*, lesquels n'appartiennent donc pas au *premier état de nature*, mais appartiennent, pour ce qui concerne l'essentiel, à l'humanité civilisée. Ceux mêmes que l'on nomme les « sauvages » sont dirigés non par le simple principe « physique » de l'amour de soi, mais par le principe « moral » de l'amour-propre. Il ne leur manque, pour entrer dans la dernière phase de la civilisation, que d'acquérir les savoirs techniques complexes qui donneront à l'amour-propre l'occasion et les moyens de délivrer toutes ses conséquences et d'établir définitivement l'inégalité d'institution.

3. La deuxième révolution : la propriété foncière

▸ **L'invention des techniques complexes et l'apparition des conflits sociaux.**

La découverte de la métallurgie dut supposer bien du temps et bien des hasards, et Rousseau ne prétend pas expliquer selon quels processus, à la fois intellectuels et psychologiques, l'homme put en venir à l'acquisition de cette technique ; mais il va de soi qu'elle est rendue nécessaire par l'apparition de besoins nouveaux, lesquels trouvent leur origine dans les nouveaux développements de l'ambition et de l'amour-propre. Quoi qu'il en soit, l'acquisition et l'usage de cette technique déterminent la dernière grande révolution dans l'avènement de la civilisation. Une technique aussi complexe, et dont on ne recueille les bénéfices qu'après tant de temps, d'efforts et de médiations, suppose une organisation sociale élaborée : *dès qu'il fallut des hommes pour fondre et forger le fer, il fallut d'autres hommes pour nourrir ceux-là.* D'où la nécessité de l'agriculture, qui devient une nécessité vitale, puisqu'elle permet de produire en grandes quantités et de constituer des stocks :

> Plus le nombre des ouvriers vint à se multiplier, moins il y eut de mains employées à fournir à la subsistance commune, sans qu'il y eût moins de bouches pour la consommer ; et comme il fallut aux uns des denrées en échange de leur fer, les autres trouvèrent enfin le secret d'employer le fer à la multiplication des denrées. De là naquirent d'un côté le labourage et l'agriculture, et de l'autre l'art de travailler les métaux et d'en multiplier les usages.

Le mécanisme ultime de l'institution de la société, et en même temps de l'inégalité sociale, est alors enclenché. L'appropriation et l'accumulation des biens ne connaissent plus aucune borne naturelle. D'abord parce que les biens ne sont plus destinés à une consommation immédiate, mais à un échange futur, ce qui suppose la nécessité d'un stockage – qui peut prendre une ampleur indéfinie. Ensuite parce qu'il devient nécessaire et légitime de s'approprier et de conserver la terre elle-même, pour la préserver et la cultiver entre deux récoltes. Bref, ce qui apparaît n'est pas tant la propriété (le fruit que cueillait l'homme dans le premier état de nature devenait bien sa propriété) ; c'est plutôt le début d'une appropriation sans commune mesure avec les nécessités de la survie, et en particulier de la propriété des « fonds », c'est-à-dire de la source des biens (la propriété de la terre en est le meilleur exemple).

L'homme perd là ce qui lui restait de sa « liberté naturelle ». Il était déjà esclave de son amour-propre, du regard des autres hommes, de l'opinion publique et des préjugés. Il double et confirme cet esclavage par une dépendance économique. La propriété foncière a en effet pour conséquence nécessaire l'exploitation des non-propriétaires par les propriétaires : l'appropriation par les particuliers du patrimoine foncier n'a pu se faire selon une répartition équitable, mais a dépendu du hasard et du degré de ruse, de rapidité ou d'efficacité de chacun. Aussi les conditions de la négociation sociale deviennent-elles rapidement iniques, et l'on voit apparaître la servitude et le brigandage :

> Quand les héritages se furent accrus en nombre et en étendue au point de couvrir le sol entier et de se toucher tous, les uns ne purent plus s'agrandir qu'aux dépens des autres, et les surnuméraires que la faiblesse ou l'indolence avaient empêchés d'en acquérir à leur tour, devenus pauvres sans avoir rien perdu, parce que, tout changeant autour d'eux, eux seuls n'avaient point changé, furent obligés de recevoir ou de ravir leur subsistance de la main des riches, et de là commencèrent à naître, selon les divers caractères des uns et des autres, la domination et la servitude, ou la violence et les rapines.

Voilà instituée non seulement l'inégalité, mais un système inégalitaire dans son essence, un système social qui nourrit et qui se nourrit de l'inégalité. On remarquera que les facteurs proprement économiques de cette inégalité n'en sont pas considérés par Rousseau comme les causes les plus profondes. Ce qui crée cette passion de l'inégalité, c'est d'abord l'amour-propre. La propriété, foncière puis capitaliste, ne fait que donner de nouveaux moyens à l'inégalité et en accentue les conséquences :

> De libre et indépendant qu'était auparavant l'homme, le voilà par une multitude de nouveaux besoins assujetti, pour ainsi dire, à toute la nature, et surtout à ses semblables dont il

> devient l'esclave en un sens, même en devenant leur maître ; riche, il a besoin de leurs services ; pauvre, il a besoin de leur secours, et la médiocrité ne le met point en état de se passer d'eux. [...] Enfin l'ambition dévorante, l'ardeur d'élever sa fortune relative, moins par un véritable besoin que pour se mettre au-dessus des autres, inspire à tous les hommes un noir penchant à se nuire mutuellement. [...] La société naissante fit place au plus horrible état de guerre.

Comme Rousseau l'écrit encore à la fin du *Discours*, dans une tirade qui reprend l'essentiel de ces analyses,

> si l'on voit une poignée de puissants et de riches au faîte des grandeurs et de la fortune, tandis que la foule rampe dans l'obscurité et dans la misère, c'est que les premiers n'estiment les choses dont ils jouissent qu'autant que les autres en sont privés, et que, sans changer d'état, ils cesseraient d'être heureux, si le peuple cessait d'être misérable.

▸ **La nécessité d'une organisation politique de la société.** Tout est réuni pour rendre nécessaire l'apparition d'une régulation politique et juridique des relations entre les hommes. D'abord les occasions de conflits se multiplient. Ensuite l'objet des conflits cesse d'être de l'ordre des choses physiques (telle une proie que l'on se dispute, et dont la *possession* se décide par la force) ; ce qui est en contestation relève de réalités morales ou abstraites, telles que la *propriété* d'un bien, ou l'offense morale. Comme Rousseau le montrera encore dans le *Contrat social*[1], la possession, qui relève du fait, n'est pas la propriété, qui relève du droit, c'est-à-dire d'une reconnaissance et non d'un simple constat. L'institution du droit positif s'avère donc nécessaire, c'est-à-dire l'établissement de règles collectives, reconnues par tous et garanties par un arbitre public.

Les riches surtout durent bientôt sentir combien leur était désavantageuse une guerre perpétuelle dont ils faisaient seuls

1. *Du Contrat social,* l. I, chap. IX, *OC,* Pléiade, t. III, p. 365.

tous les frais. La nécessité de garantir leurs propriétés les amena donc à proposer un contrat entre tous les membres de la société, en vue de l'institution d'une justice publique. Rousseau imagine un *riche* s'adressant ainsi à ses *voisins :*

> « Unissons-nous, leur dit-il, pour garantir de l'oppression les faibles, contenir les ambitieux, et assurer à chacun la possession de ce qui lui appartient. Instituons des règlements de justice et de paix auxquels tous soient obligés de se conformer, qui ne fassent acception de personne, et qui réparent en quelque sorte les caprices de la fortune en soumettant également le puissant et le faible à des devoirs mutuels. En un mot, au lieu de tourner nos forces contre nous-mêmes, rassemblons-les en un pouvoir suprême qui nous gouverne selon de sages lois, qui protège et défende tous les membres de l'association, repousse les ennemis communs et nous maintienne dans une concorde éternelle. »
>
> Il en fallut beaucoup moins que l'équivalent de ce discours pour entraîner des hommes grossiers, faciles à séduire, qui d'ailleurs avaient trop d'affaires à démêler entre eux pour pouvoir se passer d'arbitres, et trop d'avarice et d'ambition, pour pouvoir longtemps se passer de maîtres.

Ce pacte social, sur lequel le jugement de Rousseau est pour le moins ambigu – nous y reviendrons –, *fut, ou dut être, l'origine de la société et des lois.* A l'appui de cette hypothèse, Rousseau discute des autres origines possibles de la société politique, en montrant – comme il le fera dans le *Contrat social* – pourquoi ni le droit du plus fort, ni l'asservissement volontaire, ni le pouvoir paternel ne permettent d'expliquer l'obéissance des individus au pouvoir de l'État. Le premier pouvoir fut légitime et « républicain », c'est-à-dire fondé sur l'accord de tous ; et ce n'est que l'asservissement progressif des esprits, oublieux de leur liberté primitive, qui rendit peu à peu possible la confiscation du pouvoir d'État et sa transformation en despotisme. Cette ultime corruption des sociétés politiques est décrite par Rousseau comme un retour à l'état de fait, donc à un « état de nature », en ce qu'il détruit toute obligation à l'égard des lois.

Il va de soi que cette longue « histoire » des gouvernements, sous couvert de description hypothétique, a pour objet de permettre à Rousseau d'ébaucher un examen philosophique des fondements de l'État. Moins que jamais, sur ce sujet, les faits ne l'intéressent : il s'agit de savoir comment les hommes, guidés par leur raison et leur volonté, sont susceptibles de corriger ou d'aménager les injustices qui naissent avec la société. La réflexion porte alors, à proprement parler, sur la question du « droit naturel », c'est-à-dire d'un droit dont la légitimité puisse être reconnue universellement. Nous y reviendrons plus longuement dans la troisième partie du commentaire.

3

Nature humaine et droit naturel

LES THÈMES A L'ŒUVRE

I. Qu'est-ce que l'homme ?

1. État de nature et nature humaine

▸ **Les deux significations de l'état de nature.**

La notion d'« état de nature », de façon très générale, désigne l'état de l'homme tel que la « nature » le fait, c'est-à-dire tel qu'on peut se l'imaginer dépourvu des acquis de la civilisation. Quoique l'expression n'apparaisse qu'à l'époque moderne, on en trouve l'idée chez certains écrivains de l'Antiquité, dans la littérature médiévale, à la Renaissance, et surtout à l'époque moderne, c'est-à-dire à partir du XVIIe siècle. Cette description peut répondre à différents objectifs.

Elle peut prétendre décrire un état originel de l'homme, un stade préhistorique qui serait celui du commencement de l'histoire humaine. C'est en général ainsi que l'on conçoit l'état de nature dans l'Antiquité et au Moyen Age. Ainsi le poète latin Lucrèce, au livre V de son ouvrage *De Natura rerum*, décrit-il la formation du monde, puis la création des premières espèces animales, dont l'espèce humaine, enfin la vie primitive de cette espèce, dont *les bois, les cavernes des montagnes, les forêts étaient [la] demeure*. On assimile aussi souvent cet état originel à un âge d'or, ou, dans la culture chrétienne, à l'état de l'homme avant le péché. Les représentations de l'homme aux temps des Paradis perdus, pour être fondées sur des mythes, n'en sont pas moins considérées alors comme des stades réels de l'histoire humaine.

La fonction de la description d'un état de nature devient plus complexe à l'époque moderne. Cet état continue, dans bien des cas, à être assimilé à un état primitif de l'homme. Les auteurs modernes, tels que Grotius, Pufendorf ou Locke, ont lu les anciens auteurs, et s'inspirent souvent d'eux dans leurs descriptions, auxquelles ils ajoutent leurs propres conjectures anthropologiques. Mais chez ces auteurs la raison d'être de la description change radicalement, ce qui modifie son statut, et souvent son contenu. Ces auteurs appartiennent à l'école du droit naturel moderne, et l'idée d'un état de nature est surtout pour eux un instrument méthodologique, donc une fiction, servant à raisonner sur la raison d'être des sociétés politiques. Nous reviendrons, lorsque nous traiterons du droit naturel, sur le contenu d'un tel raisonnement. Nous pouvons ici en retenir simplement que l'état de nature signifie, dans ce cas-là, un état non politique : l'état dans lequel seraient les hommes si l'État et les lois n'existaient pas.

Une telle fiction ne suppose pas nécessairement d'imaginer des hommes différents, du point de vue de leur constitution physique, intellectuelle et morale, des hommes tels que nous les connaissons aujourd'hui. Au contraire : chez Locke par exemple, les hommes qui décident de commencer la première société politique sont certes, d'un point de vue juridique, dans « l'état de nature » avant de prendre leur décision, mais ils sont pour le reste en tout point identiques à des hommes civilisés.

▸ L'état de nature chez Rousseau.

Ces deux conceptions de l'état de nature sont cependant souvent mêlées, et elles le sont par exemple chez Rousseau.

Ou plus exactement, on les rencontre l'une et l'autre dans le *Discours sur l'inégalité*, mais précisément celui-ci a pour objectif de démêler ce qui, jusqu'alors, avait été mêlé sans grande précaution.

Rousseau prend au sérieux l'idée d'un homme à l'état de nature, c'est-à-dire d'un homme tel que la nature l'a fait. Il considère en effet que l'étude de cette question doit permettre d'éclairer la question qui l'intéresse réellement, et qui est la question fondatrice de l'anthropologie : qu'est-ce que l'homme ? Cependant il ne considère pas que la connaissance de l'homme à l'état de nature nous renseigne nécessairement sur la nature humaine. Il considère au contraire que c'est par *opposition* à un état de nature que se dessine la nature ou plutôt la « constitution » de l'homme.

▸ **« La plus utile de toutes les connaissances humaines ».**

La connaissance de l'homme, écrit Rousseau dans la Préface, est *la plus utile et la moins avancée de toutes les connaissances humaines.* Il assimile cette connaissance à celle à laquelle invitait l'inscription du Temple de Delphes (« connais-toi toi-même ») et dont Socrate avait fait sa devise. Cette connaissance est *utile* dès lors que l'on veut étudier la valeur des usages et des institutions en vigueur, puisque l'on se demande alors si ces institutions conviennent à l'homme. Toute réflexion politique ou morale implique un certain nombre d'hypothèses anthropologiques, c'est-à-dire relatives à la nature humaine. Comme Rousseau l'écrit quelques alinéas plus loin, citant le juriste genevois Burlamaqui, *l'idée du droit, et plus encore celle du droit naturel, sont manifestement des idées relatives à la nature de l'homme.* C'est donc bien, à terme, pour conduire une réflexion politique que Rousseau s'engage dans l'étude anthropologique. Mais on devine que les prémisses classiques du raisonnement politique (celles de Grotius, de Pufendorf et de Locke en particulier) seront profondément modifiées par les résultats de son étude anthropologique.

Que la connaissance de l'homme soit utile n'implique pas qu'elle soit aisée, et encore moins qu'elle soit achevée. Elle est au contraire *la moins avancée des connaissances humaines.* Comment la mener à bien ? Rousseau, pour aborder la question du rapport de l'homme à la nature, et de la distance qui le sépare de son état primitif, lit les classiques, et s'en inspire ; mais surtout il mobilise les connaissances scientifiques les plus récentes en matière de physiologie animale et humaine, de géologie, de psychologie, d'observations « ethnologiques » (pour autant que l'on puisse désigner ainsi des récits de voyageurs, faits le plus souvent sans souci de rigueur scientifique). Cependant, comme il l'indique lui-même, cet usage de l'expérience ne va pas sans difficultés, et l'ambiguïté de l'empirisme anthropologique de Rousseau doit être considéré, non comme une imperfection du *Discours,* mais comme l'un de ses plus riches enseignements.

2. Le statut empirique du premier état de nature

▸ L'empirisme des Lumières.

On ne peut qu'être frappé des flottements de la référence à l'expérience dans le *Discours sur l'inégalité.* Le souci d'appuyer le raisonnement sur des faits est une exigence fondamentale dans le contexte de la philosophie des Lumières, nourrie de références à la doctrine empiriste anglo-saxonne. E. Cassirer, décrivant « L'esprit du siècle des Lumières » dans son ouvrage sur *La Philosophie des Lumières*, rappelle les fondements de cette doctrine :

> Si l'on compare la réponse que le XVIIIe siècle a donnée à cette question [l'établissement sur un fondement certain d'une connaissance du monde et de l'homme], à celles qu'il a trouvées toutes prêtes au commencement de ses entreprises intellectuelles, on est d'abord frappé par une différence *négative.* Le XVIIe siècle voyait la tâche propre de la connaissance philoso-

> phique dans la construction de « systèmes » philosophiques. [...] C'est bien ce qui se produit lorsque, par la méthode de la démonstration et de la déduction rigoureuse, on rattache médiatement à la certitude première d'autres propositions afin de parvenir, au moyen de cette connexion médiate, à parcourir tout entière la chaîne du connaissable et à la clore sur elle-même. [...] Le XVIIIe siècle a renoncé à ce mode et à cette forme de « déduction », de dérivation et d'explication systématique. [...] Au lieu du *Discours sur la méthode* de Descartes, il se reporte aux *Regulae philosophandi* de Newton pour résoudre le problème central de la méthode de la philosophie. [...] La voie newtonienne n'est pas celle de la déduction pure mais celle de l'analyse. [...] Un point de départ vraiment univoque ne peut nous être fourni par l'abstraction et la « définition » physique mais seulement par l'expérience et par l'observation[1].

Le XVIIIe siècle est rationaliste, au sens où il nourrit une confiance à la fois pratique et théorique à l'égard de la raison. Mais il ne l'est pas, si l'on entend par « rationalisme » une doctrine qui construit toute vérité sur la déduction, dérivée de principes généraux conçus *a priori*. La doctrine empiriste, formulée par Newton, mais aussi par Bacon ou Locke, souligne l'impossibilité qu'il y a à préjuger, par de simples raisonnements, de la diversité de la nature. La réalité sensible ne peut être connue que par l'expérience et l'expérimentation, sur lesquelles doit porter le raisonnement. Rousseau, toute son œuvre en témoigne, est pleinement en accord avec cette conception de la recherche philosophique : toute l'instruction d'Émile, pour ne citer que cet exemple, se fonde sur les leçons de l'expérience. Il partage cette conviction avec les auteurs de l'*Encyclopédie* – au premier chef desquels son ami Diderot –, avec Condillac et Buffon qu'il utilise dans le *Discours*, avec Hume chez lequel il trouvera un temps refuge, avec la plupart des auteurs qu'il côtoie. Il ne saurait être question pour lui de traiter par le simple rai-

1. *La Philosophie des Lumières*, chap. I, p. 44.

sonnement une question de fait, telle qu'une question de physique, d'économie ou de pédagogie.

▸ **« Commençons par écarter tous les faits ».**

On ne peut alors qu'être surpris de certaines formules et de certains partis pris méthodologiques du *Discours. Commençons par écarter tous les faits*, écrit Rousseau dans l'Exorde du *Discours, car ils ne touchent point à la question.* Faut-il considérer que Rousseau, par un caprice soudain, serait ressaisi de cet esprit de système dont tout son siècle cherche à se délivrer ? Ou faut-il considérer que la question qui fait l'objet de l'étude suppose, par sa nature particulière, une dérogation au principe de l'empirisme ? La question est complexe et importante, elle mérite qu'on l'examine de près.

Rousseau prétend écarter tous les faits, et pourtant il ne néglige pas les enseignements qu'apporte l'observation des hommes réels, en particulier lorsqu'il s'agit d'hommes rencontrés dans des contrées lointaines et exotiques. Rien n'est plus tentant que de chercher dans des hommes si différents de nous des exemples d'hommes non encore civilisés. Rousseau cède souvent à cette tentation, et s'appuie sur certaines descriptions de voyageurs en croyant y trouver les confirmations de ses hypothèses sur l'homme à l'état de nature. Il voit en particulier dans les indigènes des Caraïbes les hommes les plus proches d'une « nature » primitive, au point de qualifier le Caraïbe d' « homme sauvage » – ce qui signifie « non civilisé » – et de passer indifféremment, à certains moments de son exposé, de l'homme naturel fictif à l'indigène caraïbe, comme s'il s'agissait du même homme. Ce faisant, Rousseau ne fait que reprendre à son compte une habitude bien ancrée à son époque, qui voit dans certains peuples lointains et mal connus des peuples de « primitifs » ou de « naturels ».

On peut trouver encore d'autres raisons de soupçonner que les faits « touchent » davantage à la question que ne veut bien l'avouer Rousseau : lorsqu'il écarte la pertinence de la question de savoir si l'homme a été velu et quadrupède avant d'être tel que nous le connaissons, il se justifie par ceci, que *l'anatomie comparée a fait encore trop peu de progrès, les observations des naturalistes sont encore trop incertaines.* Il n'exclut donc pas que de nouvelles découvertes, plus complètes et plus convaincantes, viennent donner un éclairage scientifique satisfaisant sur l'état originel de l'homme ; et en réalité, il discute très longuement et très savamment, dans une note, des raisons de supposer l'homme naturellement bipède ou quadrupède, pour conclure à sa probable bipédie. Rousseau, semble-t-il, ne renonce donc pas tout à fait à voir coïncider sa description et la réalité historique.

▸ L'hypothèse de la concession rhétorique au dogme religieux.

Comment expliquer cette paradoxale attention à l'expérience (paradoxale si l'on s'en tient aux premières affirmations de Rousseau) ? L'affirmation selon laquelle l'*histoire hypothétique* ne prétend pas reproduire une histoire réelle pourrait s'expliquer de la façon suivante : elle témoignerait du souci de ne pas heurter de front les enseignements de l'Église sur l'origine de l'homme, et serait une simple précaution verbale. Une phrase ambiguë suit immédiatement, dans la Préface, la déclaration de mépris des faits :

> La religion nous ordonne de croire que Dieu lui-même ayant tiré les hommes de l'état de nature, immédiatement après la création, ils sont inégaux parce qu'il a voulu qu'ils le fussent ; mais elle ne nous défend pas de former des conjectures tirées de la seule nature de l'homme et des êtres qui l'environnent, sur ce qu'aurait pu devenir le genre humain, s'il fût resté abandonné à lui-même.

Le sens est assez clair à qui lit avec attention : les hommes tels que nous les connaissons sont différents des hommes à l'état de nature. Cette affirmation ne s'oppose pas à l'enseignement de l'Église, puisque l'Église elle-même reconnaît que la volonté de Dieu a modifié la nature humaine (en lui faisant don de « lumières surnaturelles »).

Donc, indépendamment de la question de savoir d'où est venue cette modification – la volonté de Dieu, ou les *circonstances et les progrès* –, rien n'empêche d'imaginer ce qu'était ou ce qu'aurait été l'homme sans ces modifications. L'essentiel est alors préservé, sans que l'enseignement de l'Église sur la création de l'homme ne soit heurté de front : il est possible de chercher à se représenter un homme non civilisé, c'est-à-dire strictement tel que la nature le produit et tel que la civilisation le modifie.

Pareille précaution rhétorique se retrouve couramment chez Diderot, dont Rousseau est très proche lorsqu'il écrit le *Discours.* Diderot écrivait un an plus tôt, en 1753, dans les *Pensées sur l'interprétation de la nature*, au paragraphe LVIII :

> La religion nous épargne bien des peines et bien des travaux. Si elle ne nous eût point éclairés sur l'origine du monde et sur le système universel des êtres, combien d'hypothèses différentes que nous aurions été tentés de prendre pour le secret de la nature? Ces hypothèses, étant toutes également fausses, nous auraient paru toutes à peu près également vraisemblables.

Le style alambiqué de la concession au dogme est analogue à celui de Rousseau, et dicté par un même souci de prudence. L'affaire semble donc claire : loin de se désintéresser des faits, Rousseau s'en préoccuperait grandement, et sa description de l'état de nature aurait bien pour ambition de relater une histoire réelle et de constituer un chapitre de l'histoire naturelle.

▸ **Les limites de l'enquête empirique.**

On peut retenir cette interprétation, mais le problème est probablement plus compliqué. Il est possible de montrer que la description de l'état de nature n'est en réalité pas tirée de quelque expérience que ce soit, mais bien d'un raisonnement. Encore faut-il s'entendre sur l'objet exact de la description.

L'état de nature dont Rousseau fait la description dans la première partie du *Discours* est l'état « originel » de l'homme, que Rousseau désigne comme le *premier état de nature*. L'autre « état de nature » est celui que décrit la deuxième partie du *Discours* : celui de l'homme déjà « humain », progressivement sociable et civilisé, mais non encore soumis aux lois de l'État. Il nous paraît évident que ces deux « états de nature » ne peuvent prétendre au même statut historique et empirique. Le second, comme nous le verrons, peut et doit être décrit par référence à l'expérience, c'est-à-dire aux différents « états » possibles de la socialisation et de la civilisation. Il se confond avec l'histoire réelle de l'homme depuis que l'homme a une histoire : histoire dont, comme toute histoire, on ne peut retracer avec certitude le déroulement – d'autant moins qu'elle précède l'apparition des traces écrites –, mais qui n'appartient pas à la pure spéculation. Le *premier état de nature*, en revanche, est bien une pure fiction, le produit d'un raisonnement, inconnaissable par l'expérience, imprésentable dans les faits.

Sur ce *premier état de nature*, force est de constater que l'enquête anthropologique empirique n'apportera pas d'éléments décisifs, et que Rousseau est dans une large mesure conscient de cela. La description de l'état originel de l'homme n'est à l'évidence pas le résultat d'une induction, c'est-à-dire d'une généralisation obtenue à partir de l'expérience, mais d'une déduction. Rousseau soupçonne presque malgré lui les limites de l'assimilation du « sauvage » d'Amérique ou d'Afrique à un « homme de la nature ». Sur les points décisifs, Rousseau devra reconnaître que ce qui sépare l'homme d'une hypothétique « nature » primitive a déjà produit ses effets, de façon complète et radicale, chez tous les hommes que nous pouvons observer, même les plus exotiques. Chez tous les hommes, quelle que soit la forme de leur civilisation, la *dénaturation* a déjà fait son œuvre. La deuxième partie du *Discours* l'énoncera clairement :

> [...] le genre humain continue à s'apprivoiser, les liaisons s'étendent et les liens se resserrent. [...] De là sortirent les premiers devoirs de la civilité, même parmi les sauvages [...].

Voilà précisément le degré où étaient parvenus la plupart des peuples sauvages qui nous sont connus ; et c'est faute d'avoir suffisamment distingué les idées, et remarqué combien ces peuples étaient déjà loin du premier état de nature, que plusieurs se sont hâtés de conclure que l'homme est naturellement cruel.

▸ **L'état de nature, objet métaphysique.**

Quel est alors le statut de cet étrange objet théorique que Rousseau nomme le *premier état de nature* ? Une voie d'interprétation nous est proposée par Rousseau lorsqu'il compare sa description aux *raisonnements hypothétiques et conditionnels [...] que font tous les jours nos physiciens sur la formation du monde.* L'origine du monde, l'origine de l'homme : le problème est en effet, d'un point de vue philosophique, assez semblable. Dans les deux cas, l'enquête ne porte pas sur tel ou tel moment déterminé d'un développement, pris dans une succession homogène ; l'enquête porte sur le commencement absolu d'un développement, c'est-à-dire sur l'avènement d'une rupture qualitative, d'une hétérogénéité radicale dans le devenir.

La « formation du monde » signifie non pas un état parmi d'autres du monde, mais le moment où commence la série des états du monde, moment qui n'est lui-même pas précédé d'un état analogue. Le questionnement portant sur l'origine du monde et celui portant sur l'origine de l'homme ont ceci en commun que dans un cas comme dans l'autre, quelque chose a surgi, d'une nature radicalement différente de ce qui existait jusqu'alors. On peut en dire autant de l'origine de la vie, et l'on aura alors fait le tour des trois blocs de mystère sur lesquels butent, aujourd'hui encore, les sciences de la nature. On peut certes retracer le tableau et le contexte de ces ruptures dans l'ordre du réel (dater par exemple l'apparition de la vie ou celle de l'*homo sapiens*) ; mais nul scientifique, pas plus aujourd'hui qu'au XVIIIe siècle, ne prétendrait pouvoir expliquer comment la matière a pu surgir du néant, comment la vie et la sensibilité ont pu surgir de la matière, comment la conscience et la liberté ont pu surgir de la sensibilité.

Voilà donc ce qui fait l'objet de la première partie du *Discours :* la description de cet insaisissable moment où l'homme cesse d'être un animal, une chose de la nature parmi d'autres. Ce moment est une rupture, un point géométrique, donc impossible à présenter sous la forme d'une figure empirique, inscrite dans une durée et dans une expérience réelle. Le véritable fondement de la recherche consiste alors bien dans un *raisonnement pur*, au-delà de toute référence à l'expérience, raisonnement portant sur les *différences pures* qui séparent l'homme d'un être « naturel ».

▸ **Les hésitations de Rousseau.**

Il faut noter cependant que Rousseau soupçonne le caractère métaphysique de son objet (l'avènement de la culture et de l'esprit dans la nature), mais qu'il ne le saisit ni ne l'expose de façon aussi explicite. Il rencontre empiriquement ce problème, dans son travail de raisonnement et d'écriture, et se débat avec lui plus qu'il ne l'analyse. Le lecteur attentif constatera ainsi que Rousseau, quoi qu'il en dise, décrit non pas *une*, mais *deux* figures de l'homme dans le premier état de nature, ou plutôt une figure hybride, instable, formée de deux faces incompatibles. Cela s'explique aisément : la première figure est celle de l'homme-animal, de l'être purement naturel qui, écrit Rousseau, a *dans le seul instinct tout ce qu'il [faut] pour vivre dans l'état de nature* ; la seconde est celle de l'homme qui, écrit encore Rousseau (parlant pourtant du « même » homme naturel), *choisit [...] par un acte de liberté*, à la différence de l'animal qui *choisit ou rejette par instinct*. Chacune des deux figures est l'un des deux versants du point de rupture qui fait basculer l'homme du monde de la nature à celui de l'esprit.

On dira peut-être que l'homme naturel de Rousseau possède simplement « en puissance » ce que l'homme civilisé possédera en acte. C'est ainsi que nous l'avons provisoirement formulé dans l'analyse, et c'est ainsi que le formule Rousseau. Mais comment imaginer une liberté et une intelligence qui resteraient « potentielles », alors que l'occasion leur est donnée de s'exercer ? Soit l'homme dispose de ces facultés, et il se révèle *dans ses actes* libre, conscient et intelligent. Soit l'homme agit instinctivement, et cela signifie qu'il ne possède pas ces facultés, ni en puissance ni en acte.

La question du degré de développement des facultés intellectuelles humaines à l'état de nature témoigne fort bien du caractère instable de la figuration d'un « l'homme naturel ». Dans certains passages, Rousseau fait agir l'homme de la nature instinctivement. Dans d'autres, il accorde à l'homme dès l'origine une supériorité sur les simples animaux, supériorité qui relève de la conscience et de l'intelligence :

> Les hommes dispersés parmi [les animaux] observent, imitent leur industrie, et s'élèvent ainsi jusqu'à l'instinct des bêtes, avec cet avantage que chaque espèce n'a que le sien propre, et que l'homme n'en ayant peut-être aucun qui lui appartienne, se les approprie tous.

Il en est de même pour un autre indice décisif de la conscience de soi et du passage de l'animalité à l'humanité, qui est la conscience de la mort. Comme Rousseau le reconnaîtra plus loin dans le *Discours, jamais l'animal ne saura ce que c'est que mourir, et la connaissance de la mort, et de ses terreurs, est une des premières acquisitions que l'homme ait faites, en s'éloignant de la condition animale.* Or les hommes de la nature, tels qu'ils apparaissent au début du *Discours, meurent sans qu'on s'aperçoive qu'ils cessent d'être, et presque sans s'en apercevoir eux-mêmes.* Que personne ne se soucie de leur mort tient à leur isolement. En revanche la conscience que chacun d'eux a de sa finitude n'est pas nulle, comme c'est le cas pour les animaux ; elle est *presque* nulle, c'est-à-dire que, comme leur intelligence, elle les distingue déjà des simples animaux.

On pourra enfin mentionner, dans le même ordre d'idées, la question de ce qui fait la « raison d'être » ultime ou le ressort des activités de l'homme naturel. *Sa propre conservation*, écrit Rousseau, fait *presque son unique soin.* Quant on sait que Rousseau retiendra de façon privilégiée ce critère (le fait d'avoir d'autres désirs que le simple désir de survivre) pour marquer le passage de l'état de nature à l'état de culture, on comprend l'importance de la concession, même minime, qu'introduit une fois encore l'adverbe *presque.*

▸ **La nature humaine est de rompre avec la nature.**

On voit par ces exemples à quel point l'« homme naturel », tel que Rousseau se le représente, est une fiction théorique à laquelle on ne saurait donner l'apparence d'une figure empirique vraisemblable. A la façon de certaines particules que les physiciens parviennent à créer dans des conditions expérimentales extrêmes, et dont la naissance est la cause prochaine de leur destruction, l'homme naturel de Rousseau ne semble né que pour cesser aussitôt d'être ce qu'il est. Quoique Rousseau soit souvent tenté de s'arrêter au pittoresque du tableau, il est bien évident que cet homme, pour autant qu'il réponde à la fonction que lui assigne l'auteur, ne peut se maintenir dans le premier état de nature, puisque, dans cet état déjà, il cesse aussitôt de lui appartenir.

Si l'homme est susceptible de « quitter » l'état de nature, cela suppose qu'il soit « dès l'origine » quelque chose de plus qu'un simple être naturel. Le problème se pose, de ce point de vue-là, exactement comme il se pose à propos de l'invention du langage, signe par excellence de l'humanisation. Contre Condillac, qui croit pouvoir poser une relation de continuité entre un *langage instinctif* et le *langage réfléchi*, et donc trouver une origine « naturelle » au langage humain, Rousseau souligne que pour concevoir que l'homme ait inventé le langage, il faudrait supposer qu'il en disposait déjà : *la manière dont ce philosophe résout les difficultés qu'il se fait à lui-même sur l'origine des signes institués montre qu'il a supposé ce que je mets en question. [...]*

la parole paraît avoir été fort nécessaire, pour établir l'usage de la parole.

La question traitée dans la première partie du *Discours* ne relève donc pas de la simple étude historique, qui consisterait à retracer des étapes objectives comme on décrit la genèse d'une stratification géologique. L'histoire dont il s'agit est l'histoire d'un mystère, d'une rupture qualitative, celle qui sépare l'humanité libre, intelligente, parlante et désirante du monde animal. Ce dont il est question, c'est de cet état dont l'homme s'arrache dès lors qu'il devient à proprement parler un « homme » et qu'il cesse d'être un animal. Ce qui importe donc, c'est cette relation dialectique et négatrice de l'homme à l'égard de ce qui, en lui, relève d'une « nature ». On comprend ainsi la formule de Rousseau, selon laquelle l'état de nature est une état *qui n'a peut-être point existé :* il faut comprendre qu'il n'a sans doute pas existé comme « état », c'est-à-dire comme manière d'être durable. On comprend aussi l'importance des précautions méthodologiques dont Rousseau (en particulier dans la Préface) entoure son exposé, son insistance à souligner la difficulté presque insurmontable que comporte l'étude d'un état originel de l'homme.

Quelles expériences, se demande-t-il dans la Préface, *seraient nécessaires pour parvenir à connaître l'homme naturel ; et quels sont les moyens de faire ces expériences au sein de la société ? Loin d'entreprendre de résoudre ce problème, je crois en avoir assez médité le sujet, pour oser répondre d'avance que les plus grands philosophes ne seront pas trop bons pour diriger ces expériences.* Rousseau songe ici certainement à Maupertuis, qui dans sa *Lettre sur le progrès de la science* imaginait par exemple d'*élever ensemble dès le plus bas âge* des enfants *sans aucun commerce avec d'autres hommes,* afin d'étudier à l'état pur la naissance de la langue et des idées. Seuls des moyens *aussi extraordinaires que ceux-ci* permettraient, selon Maupertuis, de faire progresser *nos connaissances métaphysiques.* La phrase de

Rousseau laisse apparaître, nous semble-t-il, autant de scepticisme que de confiance dans le succès de telles entreprises. Les avertissements de méthode de Rousseau sur *la distance presque infranchissable* qui sépare l'*homme de l'homme* de l'*homme de la nature* ressemblent à autant d'éléments de réponse sur la « nature de l'homme ». Ce qui semble être un obstacle à la connaissance de l'homme de la nature est tout simplement une *caractéristique* de l'homme de l'homme. Cette distance semble obscurcir la question de la nature humaine, mais en réalité, et paradoxalement, elle l'éclaire en quelque façon.

3. L'état de nature, figure idéale

▸ **Nature et idée.**

La description du premier état de nature remplit cependant encore une autre fonction dans l'œuvre de Rousseau, laquelle nous conduit bien loin de l'anthropologie. L'état de nature, par certains de ses aspects, est chargé de figurer sur un mode symbolique et formel un idéal d'existence humaine. Rousseau, lorsqu'il évoque, dans la Préface du *Discours*, la *constitution originelle* de l'homme défigurée par *la succession des temps*, par *les circonstances et les progrès*, a recours à une métaphore reprise de Platon. Le philosophe grec avait évoqué la statue du dieu Glaucos abandonnée à la mer et rendue méconnaissable par l'érosion et les concrétions *de coquillages, d'algues et de cailloux* qui s'y sont ajoutées (*La République*, X, 611). La métaphore de Platon servait à décrire la différence entre *l'âme pure* de l'homme, l'essence éternelle de l'âme telle que nous la font connaître *les yeux de l'esprit*, et l'âme *dans l'état de dégradation où la mettent son union avec le corps et d'autres misères (ibid.).*

On peut, à un premier niveau de lecture, considérer que Rousseau détourne l'image platonicienne dans un sens qui n'a plus rien à voir avec son sens propre, puisque Rousseau quant à lui recherche la « nature originelle » et non pas l'idée pure. Pourtant Rousseau conserve les termes d'*âme humaine :* c'est bien l'âme de l'homme, bien plus que son corps, qui a subi cette modification essentielle qui rend sa constitution originelle méconnaissable. D'autre part Rousseau reprend un autre élément important de la métaphore platonicienne : cette transformation est non seulement une défiguration, mais une dégradation, qui fait d'un *Dieu* une *bête féroce.* Certes l'état pur et originel dont parle Platon relève de l'« idée », au sens platonicien du terme, alors qu'il relève de la « nature » dans le texte de Rousseau. Mais la référence à l'idéalisme platonicien est peut-être plus profonde qu'il n'y paraît. Tout se passe comme si la quête d'un état « primitif » de l'homme servait à saisir quelque chose comme une figure « idéale » de l'homme. On peut le comprendre ainsi : l'homme à l'état de nature est chargé de représenter un état parfait de simplicité et d'identité à soi produit par la soumission fidèle à une loi, celle de l'instinct.

▸ **Les limites de l'idéalisation.**

Il ne faut pas se tromper sur le sens de cette idéalisation : à aucun moment, quoiqu'en dise une insistante rumeur, Rousseau ne parle d'un « bon sauvage », ou d'un homme naturellement disposé à faire le bien et à l'aimer en conscience. Il montre au contraire que l'homme de la nature est par définition incapable d'être bon, puisqu'il est incapable de reconnaître des règles morales, de savoir ce que sont le bien ni le mal. S'il peut être dit « bon »[1], c'est tout au plus parce qu'il est inoffensif ; et il est inoffensif pour autant précisément qu'il ne peut pas être « bon », au sens propre du terme. Rousseau remarque très justement que les mêmes facultés – la raison et la liberté – qui rendent l'homme

1. C'est en ce sens que Rousseau utilise le terme « bon » dans la fameuse note IX du *Discours*, où il écrit que *l'homme est naturellement bon.*

capable de reconnaître des obligations morales, sont celles qui le rendent capable d'agir vicieusement :

> La même cause qui empêche les sauvages d'user de leur raison [...] les empêche en même temps d'abuser de leurs facultés [...]; de sorte qu'on pourrait dire que les sauvages ne sont pas méchants précisément, parce qu'ils ne savent pas ce que c'est qu'être bons; car ce n'est ni le développement des lumières, ni le frein de la loi, mais le calme des passions, et l'ignorance du vice qui les empêche de mal faire; *tanto plus in illis proficit vitiorum ignoratio, quam in his cognitio virtutis*[1].

Il est illégitime de parler de la « bonté » de l'homme à l'état de nature. Celui-ci ne peut donc pas, en tant que tel, servir de modèle à l'homme civilisé. Seule la vertu, la volonté libre et raisonnable, peut constituer un objectif moral, puisque *seule la liberté morale [...] rend l'homme vraiment maître de lui : car l'impulsion du seul appétit est esclavage, et l'obéissance à la loi qu'on s'est prescrite est liberté*[2]. En revanche, l'homme de la nature présente une *forme* d'existence qui peut servir de modèle de ce à quoi doit tendre, par d'autres moyens, l'existence d'un homme raisonnable.

▸ **L'état de nature, symbole de l'autonomie morale.**
L'état de nature est un état idéal parce que les besoins de l'homme naturel ne le portent jamais loin de lui-même, parce que toute sa substance se *concentre* autour du sentiment immédiat de son existence : il est précisément l'homme de la nature parce qu'il ne diffère pas de lui-même, parce qu'il ne se définit tautologiquement que par sa coïncidence avec sa propre nature. C'est donc *l'identité à soi* qui, pour Rousseau, forme la figure originelle de la félicité. Jean Staro-

1. *L'ignorance des vices est plus profitable aux uns que ne l'est aux autres la connaissance de la vertu.* Justin, *Historiae*, II, II, 15.
2. *Du Contrat social*, l. I, chap. VIII.

binski en a fait l'un des fils directeurs de son commentaire célèbre de l'œuvre de Rousseau :

> Rester ce qu'on était ; se laisser altérer par le changement : nous touchons ici à des catégories qui sont pour Rousseau l'équivalent des catégories théologiques de la perdition et du salut. Rousseau ne croit pas à l'enfer, mais en revanche il croit que la perte de la ressemblance est un malheur essentiel, tandis que rester semblable à soi-même est une façon de sauver sa vie, ou du moins une promesse de salut[1].

Rousseau décrit l'homme à l'état de nature comme un être empreint d'une *céleste et majestueuse simplicité, agissant toujours par des principes certains et invariables.* Comme nous l'avons déjà dit dans l'analyse du *Discours*, il ne faut évidemment pas en conclure que l'homme de la nature se verrait attribuer par Rousseau une quelconque « sagesse » supérieure. Ces *principes certains et invariables* sont les règles de l'instinct, qui ne supposent aucune intelligence, et s'imposent par les moyens du corps et de la sensibilité. Mais précisément, les mobiles sensibles de l'homme de la nature sont « simples », c'est-à-dire, si l'on suit l'étymologie du terme, qu'ils ne font « qu'un seul pli », qu'ils ne sont mêlés d'aucun autre mobile. La raison et la liberté n'ayant aucune part dans les actions de l'homme naturel, la sensibilité seule, qui possède l'inflexibilité des lois de la nature, le fait agir ; et il agit ainsi sans jamais se détourner du chemin que la nature lui a assigné.

La cause du malheur et de la corruption morale de l'homme civilisé n'est autre que la confusion, le mélange des mobiles, la compromission de la sensibilité et de la raison, *le difforme contraste de la passion qui croit raisonner et de l'entendement en délire.* Si l'homme de la nature peut servir de modèle, c'est en ceci qu'il réalise « par défaut » le modèle de l'identité à soi, de l'absolue réconciliation qui constitue

1. *La transparence et l'obstacle,* p. 28.

l'image de toute félicité. A ceci près que l'homme civilisé devra atteindre le salut par une soumission active aux lois qu'il s'est lui-même données, en faisant de ces lois un principe aussi invariable et inflexible que l'est, pour l'homme de la nature, son instinct. On retrouve dans l'*Émile* cette analogie, formulée de façon passablement délirante :

> Si les lois des nations pouvaient avoir comme celles de la nature une inflexibilité que jamais aucune force humaine ne pût vaincre, la dépendance des hommes redeviendrait alors celle des choses, on réunirait dans la République tous les avantages de l'état naturel à ceux de l'état civil, on joindrait à la liberté qui maintient l'homme exempt de vices la moralité qui l'élève à la vertu[1].

Voilà la dette de Rousseau à l'égard de Platon et de toute la tradition rationaliste : la nostalgie de Rousseau est non point celle d'une quelconque bestialité perdue, mais au contraire d'un règne pur et inflexible des lois de la nature comme modèle des règles de la raison.

4. Les paradis perdus

▸ **Accident et fatalité.**

Rousseau, c'est évident à la lecture du *Discours*, prend plaisir à se représenter l'état de nature, s'y attarde et voudrait imaginer qu'il pût durer éternellement. Il se laisse aller à rêver d'un état stable de l'homme précivilisé, un état dans lequel l'homme serait déjà un homme, mais aurait su s'arrêter avant de s'exposer aux perversions attachées à la civilisation. Ce désir explique les « étapes » que Rousseau ménage à son homme fictif sur le chemin de la civilisation, étapes dont il prétend à chaque fois qu'elles auraient pu ne pas être dépassées, si de malheureux accidents n'avaient eu pour

1. *Émile*, l. II., *OC*, Pléiade, t. IV, p. 311.

effet une remise en route de la progression. Il est frappant de constater que le *Discours* donne autant de raisons de pencher en faveur d'un avènement saccadé et accidentel de l'humanisation, qu'en faveur d'une progression continue et nécessaire, car toute entière enveloppée dans les dispositions primitives de l'homme.

On peut noter que l'on retrouve, dans cette hésitation, une structure narrative très proche de celle des *Confessions*. A plusieurs reprises, dans les *Confessions*, Rousseau décrit telle ou telle étape de sa vie comme un état de bonheur et de simplicité originels, qui aurait dû se maintenir indéfiniment, mais qui fut brisé par de malheureuses circonstances, lesquelles relancèrent le cours malheureux de l'histoire. On pourrait en dire autant d'autres textes de Rousseau (en particulier de la suite littéraire de l'*Émile*, intitulée *Émile et Sophie*), et il y a là à l'évidence plus qu'une coïncidence. Tout se passe comme si Rousseau était sans cesse déchiré entre deux conceptions antagoniques de l'existence et de la condition humaine : une conscience lucide et douloureuse du *devenir historique* dans lequel l'homme est jeté par l'usage de sa liberté, et un besoin irréductible de croire aux mythes de la simplicité originaire et des paradis perdus. Comme le montre le philosophe H. Gouhier, l'histoire est conçue par Rousseau comme une force de perdition, en ce qu'elle s'oppose à la l'immutabilité d'un ordre rationnel dont la nature est l'image[1].

La logique philosophique du *Discours* impose l'idée d'une évolution fatale et nécessaire de l'humanité vers la civilisation. Il est inconcevable en effet d'imaginer une quelconque « stabilité » dans l'histoire humaine dès lors que l'on attribue à l'homme des facultés qui, par définition, le portent toujours au-delà de lui-même : la liberté, la perfectibilité, la raison, la faculté de comparer, enfin l'amour-propre.

1. H. Gouhier, « Nature et Histoire », in *Les Méditations Métaphysiques de J.-J. Rousseau,* p. 33 sq.

Et pourtant la fiction d'une mythique stabilité, contrariée par des accidents extérieurs, se glisse au moins à deux reprises dans la description.

▸ **Les consolations littéraires du philosophe.**

Il faut donc probablement lire ces passages en tenant compte de la psychologie particulière de Rousseau, qui se traduit par le besoin d'insérer des intermèdes romancés dans ses analyses, de ménager des « lacs » dans le cours de l'histoire, des étendue de fiction tranquille et immobile dans le fleuve capricieux de la liberté humaine. Nous ne devons pas nous étonner de voir une frontière si mince séparer la pensée du philosophe de l'œuvre du romancier. Mettant au net le *Projet de paix perpétuelle* de l'Abbé de Saint Pierre, Rousseau présente dans les termes suivants l'intérêt qu'il a trouvé à retranscrire les vues utopiques de l'abbé :

> Je vais voir, du moins en idée, les hommes s'unir et s'aimer ; je vais penser à une douce et paisible société de frères, vivant dans une concorde éternelle, tous conduits par les mêmes maximes, tous heureux du bonheur commun ; et, réalisant en moi-même un tableau si touchant, l'image d'une félicité qui n'est point m'en fera goûter quelques instants une véritable[1].

On pourrait en dire autant des différents tableaux idylliques que donne à lire le *Discours sur l'inégalité* (celui du premier état de nature dans la première partie du *Discours*, et celui de la deuxième partie, qui voit dans les premières « nations » vivant dans des cabanes et se réunissant autour de grands arbres *l'époque la plus heureuse et la plus durable* de l'histoire humaine). La conscience des essentielles déchirures qui jettent l'homme dans la fuite en avant de l'histoire est trop vivace dans l'esprit de Rousseau, la nécessité de la consolation est trop essentielle à son propre bonheur, pour qu'il puisse renoncer à « compenser », par l'écriture et la fiction, la

1. *OC*, Pléiade, t. III, p. 563.

tonalité désespérée de ses analyses anthropologiques. Ceci doit être pris en compte si l'on ne veut ne pas confondre, dans le *Discours sur l'inégalité,* ce qui relève des déductions logiques avec ce qui relève des dérives littéraires[1].

5. Le second état de nature : la préhistoire des civilisations

▸ **La question de la vérité historique : commentaire de texte.**

Voilà pour le premier état de nature, image d'une « origine » insaisissable, où se lit par contraste le caractère essentiellement historique de l'homme dénaturé. Il reste à approfondir la conception que se fait Rousseau du deuxième état de nature, c'est-à-dire de l'homme déjà dénaturé, mais non encore soumis aux lois de l'État.

Ce deuxième état de nature relève bel et bien de l'histoire, et c'est en historien qu'il convient d'essayer de le restituer. Rousseau, dans les deux alinéas sur lesquels s'achève la première partie, se montre fort lucide sur les difficultés méthodologiques d'une telle restitution. Nous proposons pour ce texte quelques éléments de commentaire.

> J'avoue que les événements que j'ai à décrire ayant pu arriver de plusieurs manières, je ne puis me déterminer sur le choix que par des conjectures ; mais outre que ces conjectures deviennent des raisons, quand elles sont les plus probables qu'on puisse tirer de la nature des choses et les seuls moyens qu'on puisse avoir de découvrir la vérité, les conséquences que je veux déduire des miennes ne seront point pour cela conjecturales, puisque, sur les principes que je viens d'établir, on ne saurait former aucun autre système qui ne me fournisse les mêmes résultats, et dont je ne puisse tirer les mêmes conclusions.

1. Nous employons ici le terme « dérive » sans aucune nuance péjorative, bien au contraire. Quel plus grand bonheur que de dériver sur le lac Léman ?

Ceci me dispensera d'étendre mes réflexions sur la manière dont le laps de temps compense le peu de vraisemblance des événements ; sur la puissance surprenante des causes très légères lorsqu'elles agissent sans relâche ; sur l'impossibilité où l'on est d'un côté de détruire certaines hypothèses, si de l'autre on se trouve hors d'état de leur donner le degré de certitude des faits ; sur ce que deux faits étant donnés comme réels à lier par une suite de faits intermédiaires, inconnus ou regardés comme tels, c'est à l'histoire, quand on l'a, de donner les faits qui les lient ; c'est à la philosophie, à son défaut, de déterminer les faits semblables qui peuvent les lier ; enfin sur ce qu'en matière d'événements la similitude réduit les faits à un beaucoup plus petit nombre de classes différentes qu'on ne se l'imagine. Il me suffit d'offrir ces objets à la considération de mes juges : il me suffit d'avoir fait en sorte que les lecteurs vulgaires n'eussent pas besoin de les considérer.

• **Présentation.**

Ce dont Rousseau se propose de faire l'histoire est la période prépolitique si l'on entend par là les temps qui précèdent l'invention de l'État. Cependant ce texte pourrait servir d'introduction à toute étude historique. Quel que soit son objet, l'historien doit reconstituer des faits qu'il ne peut plus constater (ce que l'on nomme l'analyse historique), et reconstruire des liens entre les faits, les agencer en un récit (ce que l'on nomme la synthèse historique). Dans les deux cas, l'observation directe étant impossible, l'historien a à faire face à de nombreux « creux de réalité » (questions de l'authenticité des documents et des traces, de la diversité des enchaînements possibles entre les faits), auxquels il doit suppléer par la spéculation.

• **Problématique.**

Rousseau reconnaît par avance les limites de l'exactitude et de l'objectivité de sa description. Il refuse cependant qu'on y voie une simple fiction, en montrant que cette limite est celle de toute étude historique, et qu'à condition de suivre certaines règles de méthode, il n'est pas impossible d'aboutir à une reconstitution au moins vraisemblable des faits enfouis dans le passé.

• **Structure argumentative.**

I. Les *événements* à décrire (l'histoire de l'homme jusqu'à l'établissement des sociétés politiques) *ont pu arriver de différentes manières :* il existe sur ces faits, comme sur tout fait passé, des incertitudes, qui obligent l'historien à faire des choix. Il est donc nécessaire de formuler des *conjectures*, c'est-à-dire des hypothèses.

Cependant ces hypothèses ne doivent pas être considérées comme purement fantaisistes. En effet :

1 / *Ces conjectures deviennent des raisons* car *elles sont les plus probables qu'on puisse tirer de la nature des choses.* L'histoire de la civilisation n'est pas totalement soumise au hasard : elle s'explique par la *nature* des hommes et des sociétés. Les hypothèses historiques posséderont donc une nécessité rationnelle si elles sont déduites d'une enquête anthropologique, psychologique et sociologique. L'homme dans le premier état de nature n'étant rien d'autre que le résultat d'un travail d'abstraction fait sur l'homme civilisé, et son « évolution » vers la civilisation résumant en réalité les différents points de rupture qui constituent l'essence d'une civilisation développée, cette évolution est une nécessité découlant de la nature des choses, un effet enveloppé dans la cause.

2 / Les *conséquences* que Rousseau déduit de ses hypothèses ne sont elles-mêmes pas purement hypothétiques (elles possèdent une vraisemblance solide), puisque ce sont les seules qui dérivent de ses principes (anthropologiques), même si c'est en supposant d'autres enchaînements dans le détail. Cela suppose qu'il y ait des faits typiques et nécessaires (la constitution de l'homme, les conséquences essentielles de cette constitution), et d'autres faits plus aléatoires, intermédiaires entre ces faits typiques. On peut rapprocher ces considérations méthodologiques de la réflexion d'historien de Diderot, qui, dans l'article « Art » de l'*Encyclopédie*,

jugeait légitime, lorsque l'on *ignore l'origine d'un art mécanique*, de *recourir à des suppositions philosophiques, partir de quelques hypothèses vraisemblables, de quelque événement premier et fortuit et s'avancer ainsi jusqu'où l'art a été poussé.*

Pour éclairer ce raisonnement, il suffit de l'illustrer par certains éléments de la description historique de Rousseau. Parmi les faits dont Rousseau estime qu'on ne peut douter, on peut ranger les conflits que suscite l'apparition de la propriété foncière, cette « invention conflictuelle » étant elle-même une conséquence nécessaire de la perfectibilité et de l'amour-propre. Pour combler l'intervalle qui sépare ces faits typiques, on peut imaginer un autre récit que celui que propose Rousseau : on peut par exemple accorder un rôle moindre à l'invention de la métallurgie. Mais ces variations de détail ne changeront rien au résultat essentiel, ni à la conclusion nécessaire du processus, à savoir la création d'institutions politiques. Ce qui n'est pas conjectural mais nécessaire est alors la séquence historique suivante : perfectibilité et amour-propre/propriété/pacte social.

II. Rousseau évoque ensuite, d'une façon que l'on peut qualifier de prétéritive (il le fait en disant qu'il ne le fait pas), les autres éléments qu'il peut évoquer pour défendre la vraisemblance de sa description. Si ces éléments sont moins essentiels, c'est qu'ils portent sur le détail du récit historique, et non sur ses principes.

1 / La quantité, lorsqu'elle atteint certaines échelles (la longueur du temps écoulé, la répétition continuelle des mêmes causes) peut, dans certains cas, avoir des effets qualitatifs, qui rendent vraisemblables des relations de causalité *a priori* difficilement concevables (songeons par exemple au *temps infini qu'a dû coûter la première invention des langues*).

2 / Certes les hypothèses historiques sont imparfaites et seulement vraisemblables. Cependant on ne peut d'aucune manière renoncer à en formuler : on ne peut douter que certains événements ont eu lieu – par exemple l'apparition de la propriété foncière ou des institutions politiques –, et l'on

doit bien supposer que ces événements se sont produits d'une façon ou d'autre. De plus, lorsque l'on est sûr que certains faits ont eu lieu, il faut bien imaginer d'autres faits pour les relier. Ce récit, qui n'a d'autre but que de montrer que ces faits ont *pu* se succéder, repose sur la spéculation dès le moment où les traces historiques certaines viennent à manquer.

3 / Enfin l'incertitude sur les faits passés n'est pas si grande, si l'on considère que les variations entre les possibles ne sont pas aussi importantes qu'on le croit. La réunion en communautés a pu se produire par le biais de la nécessité de se défendre contre l'adversité, et non par celui de la géographie, comme le suppose Rousseau ; l'invention de la poterie a pu jouer le rôle que Rousseau attribue à la métallurgie ; mais sur le fond, ces variations laissent apparaître une suffisante *similitude* pour que les grandes structures de la description restent valables.

Il faut conclure de ce texte que Rousseau se propose bien d'écrire, dans la deuxième partie du *Discours*, une histoire objective des progrès de la civilisation, en se fondant sur ce que Diderot considérait dans *L'Interprétation de la nature* comme *les trois moyens principaux* de la science : *l'observation de la nature, la réflexion et l'expérience.*

▸ La nécessité de l'enquête empirique.

La longue note X du *Discours* regrette que l'observation savante de la diversité humaine ne soit pas plus avancée :

> Supposons un Montesquieu, un Buffon, un Diderot, un Duclos, un d'Alembert, un Condillac, ou des hommes de cette trempe, voyageant pour instruire leurs compatriotes, observant et décrivant comme ils savent faire, la Turquie, l'Egypte, la Barbarie, l'empire de Maroc, la Guinée, le pays des Cafres, l'intérieur de l'Afrique et ses côtes orientales, les Malabares, le Mogol, les rives du Gange, les royaumes de Siam, de Pegu et d'Ava, la Chine, la Tartarie, et surtout le Japon ; puis dans l'autre hémisphère le Mexique, le Pérou, le Chili, les Terres

magellaniques, sans oublier les Patagons vrais ou faux, le Tucuman, le Paraguay s'il était possible, le Brésil, enfin les Caraïbes, la Floride et toutes les contrées sauvages, voyage le plus important de tous et celui qu'il faudrait faire avec le plus de soin ; supposons que ces nouveaux Hercules, de retour de ces courses mémorables, fissent ensuite à loisir l'histoire naturelle, morale et politique, de ce qu'ils auraient vu, nous verrions nous-mêmes sortir un monde nouveau de dessous leur plume, et nous apprendrions ainsi à connaître le nôtre.

C'est assez dire si Rousseau estime nécessaire d'appuyer sa description des différents états de la civilisation sur l'expérience. Faute de disposer du matériel ethnographique dont il rêve, et qui ne commencera à se constituer qu'au siècle suivant, Rousseau tire tout ce qu'il peut des enquêtes qui sont disponibles à son époque.

▸ **Les récits de voyages.**

J. Morel, dans une riche étude sur « Les Sources du *Discours sur l'inégalité* » à laquelle nous devons beaucoup, rappelle que le *Discours* était conseillé dans une *Bibliographie médicinale* de 1756 aux étudiants en médecine, pour l'intérêt de la contribution qu'il apportait à *l'histoire naturelle de l'homme.*

> Il y a chez Rousseau, écrit J. Morel, une tendance marquée à l'expérience, une recherche du fait scientifique. Le *Discours* est moins logique, moins *a priori* que tous les traités qui l'ont précédé. Ce n'est pas un roman. Ce n'est pas un « poème épique ». Rousseau a voulu, utilisant les moyens que lui fournissait la science de son époque, écrire la réelle histoire des sociétés humaines[1].

Rousseau ne s'est donc pas contenté de se promener dans les bois. Il a nourri sa méditation de nombreuses lectures, et l'on retrouve dans le *Discours* une multiplicité d'influences. Ainsi Montaigne, que Rousseau citait déjà dans le *Discours*

1. J. Morel, « Enquête sur les sources du Discours sur l'inégalité », p. 198.

sur les sciences et les arts, a pour une large part déterminé l'intérêt de Rousseau pour la riche diversité de l'espèce humaine, diversité qui interdit de concevoir une nature humaine par trop immuable. La représentation de la tranquille simplicité de l'homme primitif doit beaucoup à Montaigne, et à sa description des cannibales, *qui jouissent l'heur d'une longue vie, goustant grand soulas sans passions, crochettant calepost au frais dessous arbres fruictiers, tranquilles et paisibles sans les preceptes d'Aristote, et sans la connoissance du nom de physique ni de philosophie*[1]. Cependant Rousseau, depuis le premier *Discours*, a considérablement élargi sa culture scientifique, et J. Morel souligne l'étendue de l'information dont il dispose.

Rousseau puise une large part de son information anthropologique dans les récits de voyageurs, dont son siècle est friand. Ainsi l'histoire du Caraïbe qui *vend le matin son lit de coton, et vient pleurer le soir pour le racheter, faute d'avoir prévu qu'il en aurait besoin pour la nuit prochaine*, mais également l'exemple des *haches de pierres dures et tranchantes*, qui servent à *couper du bois, creuser la terre et faire des huttes de branchages*, sont empruntés de récits du Père Dutertre, qui avait rédigé une *Histoire générale des Antilles*, publiée dans le *Journal des Savants* en 1667. Rousseau tire encore ses informations de l'*Histoire générale des voyages, collection de toutes les relations de voyages par terre et par mer*, qui paraît depuis 1746, et dont un tome était encore paru en 1754 ; des *Voyages de François Corréal* traduits de l'espagnol en 1722 ; de la *Relation du voyage en Amérique méridionale* de La Condamine, rendue publique en 1745 ; de bien d'autres auteurs encore, qu'il serait fastidieux d'énumérer – sans compter les récits déjà compilés, par Montaigne, par Pufendorf, par Buffon, par d'autres encore, qu'il réutilise.

1. Montaigne, *Essais*, l. II, chap. 12.

▸ **Buffon et Condillac.**

Mais Rousseau appuie également son enquête anthropologique sur les recherches menées par les savants de son époque sur la constitution, physiologique et psychologique, de l'homme. De ce point de vue, il se réfère abondamment au naturaliste Buffon, dont l'*Histoire naturelle*, publiée en 1752, comportait une *Histoire de l'homme*, mais aussi au philosophe Condillac, auteur d'un *Essai sur l'origine des connaissances humaines* et d'un *Traité des sensations*[1].

Outre deux notes où il le cite nommément, Rousseau s'inspire de Buffon lorsque celui-ci explique les *Variétés de l'espèce humaine* (c'est le titre d'un chapitre de son œuvre) par *l'influence du climat, la nourriture, les mœurs.* Rousseau reprend les éléments essentiels de ce chapitre dans la note X du *Discours*, où il souligne *les puissants effets de la diversité des climats, de l'air, des aliments, de la manière de vivre, des habitudes en général.* C'est Buffon encore qui distingue le « moral » du « physique » dans l'amour, pour condamner les délires et les ravages dont sont responsables les caprices amoureux et le désir de plaire (ce dont Mme de Pompadour, paraît-il, s'indigna). La notion de « perfectibilité » enfin est très largement empruntée au même auteur, qui écrit :

> Si les animaux étaient doués de la puissance de réfléchir, même au plus petit degré, ils seraient capables de quelque espèce de progrès ; ils acquerraient plus d'industrie ; les castors d'aujourd'hui bâtiraient avec plus d'art et de solidité, que ne bâtissaient les premiers castors. Pourquoi chaque espèce ne fait-elle jamais que la même chose, et de la même façon ? et pourquoi chaque individu ne le fait-il ni mieux, ni plus mal qu'un autre individu ? Tous travaillent sur le même modèle, l'ordre de leurs actions, est tracé dans l'espèce entière ; il n'appartient point à l'individu.

1. L'*Essai* était paru en 1746. Le *Traité* paraît en 1755, et Rousseau en a probablement lu le manuscrit, ou il a du moins entendu Condillac, qui y travaillait depuis longtemps, en développer oralement les principales thèses.

A quelques variations près, on reconnaît l'analyse qui sera celle de Rousseau. On peut cependant noter, comme le suggère J. Morel, ce que Rousseau ajoute à Buffon : l'homme perfectionne non seulement ses œuvres, mais il se perfectionne lui-même ; ses facultés elles-mêmes subissent avec le temps une modification.

Il faut reconnaître sur ce point l'influence de Condillac, que Rousseau cite et utilise à plusieurs reprises dans le *Discours*, d'abord sur la question de l'origine des langues, mais aussi sur celle de l'origine des connaissances. Ce philosophe, que Rousseau a fréquenté et dont il parle toujours avec admiration et amitié dans les *Confessions*, a construit son système philosophique (le « sensualisme ») sur l'idée d'un *développement* de l'intelligence humaine, expliquant *la génération des opérations de l'âme en les faisant naître de simples perceptions (Essai sur l'origine des connaissances).* La fiction théorique dont part Condillac pour expliquer la genèse des idées dans l'esprit est celle d'une statue pourvue de sens, qui peu à peu s'animerait et accroîtrait ses connaissances sous l'effet des affects sensoriels combinés par l'esprit. Dans cette dialectique des sens et des idées, les sentiments de plaisir et de peine, et les désirs, jouent naturellement un rôle décisif. Condillac écrit dans le *Traité des sensations :*

> Nos premières idées ne sont que peine ou plaisir. Bientôt d'autres leur succèdent et donnent lieu à des comparaisons d'où naissent nos premiers besoins et nos premiers désirs. Nos recherches pour les satisfaire font acquérir d'autres idées qui produisent de nouveaux désirs [...] et il se forme une chaîne dont les anneaux sont tour à tour idées ou désirs.

Grâce à Condillac, écrit J. Morel, *Rousseau peut tenter l'histoire de la pensée humaine*[1]. L'homme de la nature décrit par Rousseau, dont *apercevoir et sentir sera [le] premier état* a bien des points communs avec la statue de Condillac.

1. *Op. cit.*, p. 147.

C'est là encore une fonction (une de plus !) dont cet être primitif est chargé : permettre d'imaginer la progression des états de la conscience, une fois « ouverte », avec la perfectibilité, la possibilité de l'intelligence et de l'apprentissage. La conséquence de l'influence de Condillac n'est pas négligeable : l'état des facultés intelligentes – et en particulier de la faculté rationnelle – étant déterminé par *les circonstances et les progrès*, et par *le choc continuel des passions*, il s'avérera impossible d'attribuer à l'homme de l'homme quelque « nature » immuable que ce soit.

▸ **La constitution historique de l'homme.**

On notera que Rousseau, même s'il entre moins que Condillac dans le détail des causes et des effets, décrit de façon plus riche et plus complète cette interaction complexe du désir et des facultés intelligentes. Aux besoins et aux plaisirs de type « sensible » ou biologique, Rousseau ajoute les désirs et les satisfactions de l'amour-propre, qui viennent relayer les stricts mécanismes sensitifs. Ceci inscrit le développement empirique de l'esprit dans une dimension sociale et collective – donc à proprement parler historique et, à terme, politique.

En suivant ainsi les traces de Condillac, et en approfondissant les conséquences de son système, Rousseau donne à son anthropologie un style très original si on le réfère au contexte philosophique du XVIIIe siècle : il fait de l'histoire une nécessité inscrite dans la constitution même de l'homme. Il est de l'essence de l'homme, si l'on en croit Rousseau, d'avoir une histoire, aussi bien personnelle que collective. Il n'y a pas d'homme qui ne soit l'homme de tel temps et de telles circonstances, qui ne soit le résultat de certaines modifications et d'un certain développement historique. *Le genre humain d'un âge*, écrit Rousseau dans le *Discours*, *n'[est] pas le genre humain d'un autre âge*. La diversité morale de l'espèce humaine a donc un fondement non seulement géographique (liée aux climats et à la nourriture), mais aussi et surtout historique.

L'histoire des hommes est le résultat des modifications successives de l'amour-propre. C'est d'ailleurs là le cœur de la réponse rousseauiste à la question des sources de l'inégalité, réponse annoncée dès la Préface du *Discours :* si les hommes sont inégaux, c'est d'abord parce qu'à la différence des animaux ils travaillent à être inégaux. C'est en cela que consiste leur dénaturation et leur entrée dans la civilisation ; c'est cela qui constitue le contenu principal de leur histoire. Si Rousseau, d'un point de vue moral, se méfie tant de l'histoire, c'est parce qu'il se révèle fort lucide sur les causes et les effets du processus historique. Le devenir historique n'est pas un simple terrain ouvert à l'exercice d'une raison et d'une liberté souveraines. Le développement de la raison est compromis dès l'origine avec celui des passions, elle est donc elle-même prise dans le devenir. La raison se forme au gré d'une histoire dont elle n'est pas le principe directeur.

Cet aspect de l'anthropologie rousseauiste (la constitution historique de l'homme) restera l'un des fils directeurs de son œuvre. *Le lecteur attentif*, écrit-il en conclusion du Discours, verra *dans cette lente succession des choses [...] la solution d'une infinité de problèmes de morale et de politique que les philosophes ne peuvent résoudre.* Rousseau en fait en effet l'une des pierres d'angle de sa réflexion politique. Les résultats de la longue méditation anthropologique du *Discours* ne sont en définitive pas si éloignés qu'il n'y paraît de la problématique du droit naturel.

II. Le droit naturel

1. L'insaisissable droit naturel

▸ Le *Discours* traite-t-il du droit naturel ?

Rousseau estime dans les *Confessions* (l. IX) que *tout ce qu'il y a de hardi dans le Contrat social était auparavant dans le Discours sur l'inégalité.* Il ne faut pas perdre de vue, en effet, l'objet politique de l'étude anthropologique – même si l'histoire de l'homme occupe l'essentiel du *Discours.* L'origine de la recherche est une question de droit naturel, que Rousseau ne néglige pas : l'inégalité d'institution est-elle autorisée par la loi naturelle ?

L'étude de l'homme dénaturé a pour raison d'être de reformuler la signification de cette question. Le *Discours* change considérablement les données du problème, tel qu'il était envisagé jusqu'alors. Rousseau a maintenant les moyens de montrer que, si des principes universels de justice peuvent être invoqués pour juger des institutions politiques réelles, c'est à une double condition :

— Il ne sera pas possible de confondre ces principes universels avec un enseignement spontané de la nature ;

— Ces principes de droit devront intégrer, dans leur définition et dans leur application, les résultats de l'enquête anthropologique, à savoir un évident pessimisme anthropologique : les hommes sont inégaux *parce que leurs passions sociales leur font désirer plus que tout l'inégalité.*

▸ **Les limites de la pitié.**

Prenant au mot l'expression « droit naturel », Rousseau s'est demandé dans quelle mesure un être simplement naturel, c'est-à-dire un animal non intelligent, est susceptible de reconnaître quelque obligation que ce soit. Il a montré que la seule forme d'obligation que l'on pourrait appeler « naturelle » est la pitié. Voilà, selon Rousseau, le seul véritable contenu que peut prendre, en toute rigueur, l'idée d'un « droit naturel ». Un tel droit, s'il existe, est une obligation dont l'origine est non pas l'intelligence mais la sensibilité, c'est-à-dire *le corps.* Seul le corps vivant, sentant et sensible, appartient réellement à la « nature ». Rousseau ne nomme « naturel » que ce qui, dans l'homme, le rattache à son animalité ; et le seul « droit naturel », au sens propre du terme, relève de ce qui subsiste en l'homme de son « état de nature ».

Le long développement sur la pitié est, de l'aveu même de Rousseau[1], largement inspiré de Diderot. Celui-ci avait traduit le philosophe anglais Shaftesbury, dont il avait adopté les idées, selon lesquelles tous nos devoirs dérivent d'« affections sociales » naturelles, donc d'une forme de sensibilité morale immédiate et non raisonnée. Rousseau de même souligne l'importance pratique de cette affection qu'est la pitié : empêcher que la rivalité sociale, qui naît avec les développements de la raison et de l'amour-propre, ne conduise le genre humain à s'autodétruire.

Il ne faut cependant pas se méprendre sur l'importance de cette référence à la pitié, à laquelle le lecteur pressé fera volontiers une place démesurée, et qu'il retiendra comme la réponse rousseauiste à la question du fondement de la morale et du droit. La pitié relève de la nature ; or tout le propos de Rousseau tend précisément à insister sur l'infidélité que fait constamment l'homme, en tant qu'il devient homme, à la nature. *Tant qu'il ne résistera point à l'impulsion intérieure de la commisération*, écrit Rousseau dans la Préface, *[l'homme] ne fera jamais du mal à un autre homme* sans raison vitale. Or Rousseau sait fort bien que « l'homme de l'homme » fait volontiers du mal à d'autres hommes pour une infinité de raisons qui n'ont rien de vital. On peut en déduire que l'homme auquel nous avons affaire, l'homme civilisé, *résiste* volontiers *à l'impulsion intérieure de la commisération.* Il y résiste précisément parce que le développement de sa raison a cultivé sa capacité à l'insensibilité en étendant peu à peu l'aveuglante tyrannie de l'amour-propre. La référence à la pitié n'est au fond qu'une fausse piste, ou une piste insuffisante, et la question du « droit naturel » reste entière dès lors que l'on n'a plus affaire à « l'homme de la nature ».

1. *Confessions*, l. VIII, *OC*, Pléiade, t. I, p. 389.

▸ **La réfutation de toute sociabilité naturelle.**

De façon générale, l'originalité de la pensée politique de Rousseau est d'insister sur l'impossibilité qu'il y a à se référer à la nature pour donner des fondements au droit. La constitution et l'histoire de l'homme, telles qu'elles ont été mises en évidence par le *Discours*, soulignent la raison d'être et les conditions fondamentales de toute législation : *les vices qui rendent nécessaires les institutions sociales sont les mêmes qui en rendent l'abus inévitable ; et [...] un pays où personne n'éluderait les lois et n'abuserait de la magistrature, n'aurait besoin ni de magistrats ni de lois.* Voilà pourquoi Rousseau ne s'est jamais lassé de réfuter la thèse de la « sociabilité naturelle », c'est-à-dire d'une disposition naturelle à la justice et à la bienveillance, thèse dont Diderot proposait une vulgate dans l'article « Droit naturel » de l'*Encyclopédie.* Comme il le montrera longuement dans une première version du *Contrat social*, les hommes deviennent insociables à proportion de la nécessité où ils sont de vivre ensemble :

> Quoiqu'il n'y ait pas de société naturelle et générale entre les hommes, quoiqu'ils deviennent malheureux et méchants en devenant sociables, quoique les lois de la justice et de l'égalité ne soient rien pour ceux qui vivent à la fois dans la liberté de l'état de nature et soumis aux besoins de l'état social ; loin de penser qu'il n'y ait ni vertu ni bonheur pour nous, et que le ciel nous ait abandonnés sans ressource à la dépravation de l'espèce ; efforçons-nous de tirer du mal même le remède qui doit le guérir. Par de nouvelles associations, corrigeons, s'il se peut, le défaut de l'association générale[1].

La signification de ce texte est claire : on ne peut renoncer à chercher des fondements au droit, mais cette recherche devra se faire sur d'autres principes que ceux de la nature et de la sensibilité.

1. *Manuscrit de Genève,* l. I, chap. II, *OC,* Pléiade, t. III, p. 288.

2. Le droit naturel raisonné

▸ **Le rationalisme de Rousseau.**

Les derniers mots du *Discours* rappellent, à qui n'aurait pas voulu l'entendre jusqu'alors, la position très claire de Rousseau sur l'inégalité d'institution : *il est manifestement contre la loi de nature, de quelque manière qu'on la définisse, qu'un enfant commande à un vieillard, qu'un imbécile conduise un homme sage et qu'une poignée de gens regorge de superfluités, tandis que la multitude affamée manque du nécessaire.* La dimension critique du propos (d'ailleurs presque textuellement repris de Montaigne[1]) est très claire : il est des inégalités justes, et d'autres injustes. Toute société suppose un ordre et des distinctions, mais tout ordre social n'est pas juste – ou du moins, on peut considérer que, étant donné la nécessité de l'inégalité d'institution, celle-ci peut se fonder sur des critères plus ou moins justes. On remarquera alors que Rousseau, pour justifier son propos, se réfère à la « loi naturelle ». Cela signifie qu'il ne renonce pas à la thématique du droit naturel[2], ou plutôt à ce que cache la référence à une « nature » : la recherche de principes universels de justice. Reste à savoir, puisqu'on ne garde que le mot de nature, et non plus son contenu, ce qui donnera son contenu au principe. Rousseau est très clair sur ce point : ce sera la raison.

Immédiatement à la suite du développement sur la pitié, Rousseau avait précisé que *la raison [...] est ensuite forcée de rétablir [les règles du droit naturel] sur d'autres fondements, quand par ses développements successifs elle est venue à bout d'étouffer la nature.* Cette phrase est essentielle, elle montre quel devra être le véritable fondement du droit dans

1. *Essais*, l. I, chap. 30.

2. Rousseau écrit dans les *Lettres de la Montagne*, VI (*OC*, Pléiade, t. III, p. 812) à propos du *Contrat social*: *Mon livre, où je ne sors pas de la thèse générale, ne peut être considéré que dans le nombre de ceux qui traitent du droit naturel et politique.*

l'état de civilisation. Rousseau ne renonce pas à faire usage de l'expression « droit naturel », mais après en avoir radicalement transformé le sens, pour en faire, selon sa propre formulation dans le *Manuscrit de Genève*, un *droit naturel raisonné*. Il écrira encore qu'*il faudrait plutôt appeler loi de raison* la *loi naturelle*[1]. Comme l'a montré R. Derathé dans une importante étude sur *Le Rationalisme de J.-J. Rousseau, pour Rousseau, la liberté ne se conçoit pas sans la raison. C'est la raison qui rend l'homme libre en lui permettant de dominer ses passions*[2].

▸ **La médiation de la loi.**

Cependant R. Derathé ne néglige pas le scepticisme de Rousseau quant au résultat concret de la lutte de la raison contre les passions, lutte dans laquelle la raison reste souvent impuissante, voire soumise. Que la raison puisse seule définir les principes les plus parfaits de l'ordre et de la justice, qu'elle ait vocation à déterminer les fins de la morale et de la politique, Rousseau n'en doute pas. Mais que l'homme sache écouter la voix de la raison, il en est beaucoup moins convaincu. La raison seule est le plus souvent sans force face aux passions mauvaises de l'homme et est même parfois l'auxiliaire efficace du vice, uniquement occupée à fournir à celui-ci des moyens pour ses fins. L'un des problèmes qui occupent Rousseau tout au long de son œuvre est celui de la force des passions et de l'amour-propre, qui humilient l'ambition législatrice de la raison. Et pour cause : il a lui-même montré que la naissance et les premiers développements de la raison étaient subordonnés à ceux des passions.

Seule une culture de la raison, un accomplissement de la raison qui achèverait l'histoire de l'esprit, pourrait permettre d'espérer que la raison s'affranchisse et devienne réel-

1. *Manuscrit de Genève*, l. II, chap. IV et l. I, chap. II, *OC*, Pléiade, t. III, p. 329 et 284.
2. *Le Rationalisme de J.-J. Rousseau*, chap. III, p. 112.

lement législatrice en chaque individu. Mais rien ne permet de prévoir cet accomplissement, si ce n'est chez quelques rares privilégiés, les *grandes âmes cosmopolites* telles que Socrate. C'est pourquoi la raison aura nécessairement besoin pour s'imposer d'une médiation, d'un instrument qu'elle trouvera par excellence dans la loi de l'État. R. Derathé écrit : *le passage de la tyrannie des passions au règne de la raison se fait nécessairement par l'intermédiaire de la loi. C'est la loi qui, selon Rousseau, est l'instrument de notre liberté.* La loi permet, selon le même auteur, de *reconquérir une liberté à travers une soumission.* En effet, la loi de l'État pose une règle générale qui s'impose universellement à tous les membres de l'État, et qui impose à chaque individu de tenir le même compte de chacun de ses concitoyens. Elle donne donc un cadre systématique et rationnel à la volonté de l'individu. Selon une formule du *Contrat social*, la loi *forcera [l'individu] d'être libre.*

Voilà pourquoi il est essentiel au destin des hommes qu'ils se donnent des lois et des gouvernements. Voilà pourquoi Rousseau achève le *Discours* sur une *histoire hypothétique des gouvernements.* L'institution des lois est la seule issue possible à l'histoire des civilisations. Elle seule peut permettre d'introduire du droit, au sens le plus fort du terme, c'est-à-dire de l'ordre et de la justice, dans cette spirale d'injustice et d'inégalité au fond dans laquelle le processus de dénaturation précipite l'humanité.

▸ La recherche théorique sur l'origine de l'État.

L'histoire hypothétique des gouvernements constitue un long développement, qui clôt le *Discours sur l'inégalité.* On y trouve déjà, lorsqu'on le lit de près, presque toute la substance du *Contrat social*, que Rousseau publiera huit ans plus tard. Mais autant le *Contrat* précise, distingue, ordonne son argumentation, autant la fin du *Discours* enchevêtre et répète les argumentations, accumule à l'envi les formules ambiguës, semble prendre plaisir à égarer le lecteur. Il n'est pas impossible que Rousseau ait volontairement mis à l'épreuve la perspicacité de son lecteur, afin de contourner les risques de censure politique, tout à fait concevables si l'on considère la radicalité du contenu. Il faut aussi tenir compte du fait que Rousseau défriche son sujet, qu'il ouvre des pistes de réflexion qui lui tiennent à cœur mais qu'il ne maîtrise pas encore entièrement.

Rousseau décrit *l'origine théorique* des sociétés politiques. Autant on pouvait voir dans les descriptions historiques précédentes une tentative de retracer des successions de faits réels, autant il s'agit ici de poser des principes *de droit*, qui n'ont pas vocation à être assimilés à des événements réels. *Tel fut, ou dut être,* écrit Rousseau, *l'origine de la société et des lois*, et plus loin : *je sais que plusieurs ont donné d'autres origines aux sociétés politiques, [mais] le choix entre ces causes est indifférent à ce que je veux établir ;* il rappelle enfin qu'il examine *le fait par le droit*. Comme il l'écrira dans le *Manuscrit de Genève* (l. I, chap. V), *il y a mille manières de rassembler les hommes, il n'y en a qu'une de les unir. [...] Mais je cherche le droit et la raison et je ne dispute pas des faits*.

3. L'idée du pacte social

▸ La conservation de la propriété.

A l'origine, expliquant la nécessité absolue de la naissance des gouvernements, il y a la propriété. La nécessité de l'institution de l'État répond à une double exigence : consacrer et garantir la propriété, et pacifier la société naissante. Ou plutôt, pacifier la société *parce que* la naissance de la propriété l'a rendue plus conflictuelle que jamais. Pour Rousseau, il ne fait pas de doute que la nécessité de garantir la propriété soit la cause immédiate de l'État. Il le dira encore dans le *Contrat social* (l. I, chap. IX) : *les lois sont toujours utiles à ceux qui possèdent et nuisibles à ceux qui n'ont rien.* Or le *Contrat social* décrit l'idéal d'un État juste.

Donc même l'État le plus juste n'abolit pas la propriété, ni les inégalités de richesse. Rousseau résume fort bien le rôle de la propriété à la fin du *Discours* par ces mots :

> Il suit de cet exposé que l'inégalité, étant presque nulle dans l'état de nature, tire sa force et son accroissement du développement de nos facultés et des progrès de l'esprit humain et devient enfin stable et légitime par l'établissement de la propriété et des lois.

Pour Rousseau, l'inégalité des richesses est un fait de civilisation nécessaire ; elle est même l'une des clés du passage à la civilisation. Rousseau montre sans cesse – à juste titre – le malheur et l'injustice dont la propriété est cause, mais il n'estime jamais qu'il soit possible de revenir en arrière par des moyens politiques, en donnant à l'État le droit de détruire la propriété privée. Rousseau est certes toujours très critique, en général, à l'égard de la civilisation, en tant qu'elle naît sur le terreau de l'égoïsme et de l'exploitation. Mais cette critique est morale, et non pas politique. L'égoïsme et la propriété sont les causes efficientes de l'institution de l'État, et l'État, pour Rousseau, peut permettre de faire vivre l'homme, au moins partiellement, selon la raison.

L'inégalité des richesses est donc considérée par Rousseau comme nécessaire, à la fois historiquement et politiquement, et sa critique *politique* ne porte jamais sur l'institution de la propriété elle-même. Ce qui n'empêche pas l'État, une fois institué, d'avoir d'autres ambitions que la simple conservation de la propriété : il possède également une mission *morale*, qui seule justifie l'intérêt que Rousseau porte à la politique, et qui suppose, entre autres, une *limitation* (ce qui n'est pas une suppression) des inégalités de richesse.

▸ **Le discours du riche.**

Ceci doit permettre de bien juger le récit fait par Rousseau de la première institution de l'État. C'est *le riche* qui en a l'idée, et ses *raisons spécieuses* séduisent des *hommes grossiers*. On pourrait conclure de ce vocabulaire que Rousseau condamne cette institution de l'État comme une imposture. Or il n'en est rien : les hommes auxquels s'adresse ce discours ont *assez de raison pour sentir les avantages d'un établissement politique*, et *les sages mêmes virent qu'il fallait se résoudre à sacrifier une partie de leur liberté à la conservation de l'autre.*

Ceci montre bien que, selon Rousseau, un tel établissement est raisonnable. Et Rousseau précise pourquoi il l'est : indépendamment même de l'inégalité de richesse, les hommes civilisés ont toujours trop de tendance à la rivalité pour pouvoir se passer de lois. Comme l'écrit le philosophe, les voisins du riche, qui acceptent l'établissement des lois alors même qu'ils ne sont pas riches (ou pas aussi riches que lui), *avaient trop d'affaires à démêler entre eux pour pouvoir se passer d'arbitres.* Le commentateur V. Goldschmidt est très clair sur ce point dans la monumentale étude qu'il a consacrée au *Discours* : *le contrat de l'« imposteur » est [...] parfaitement valide*[1]. Voilà pour le caractère raisonnable de l'institution des lois, dans ce contexte de passion inégalitaire que crée l'existence sociale.

▸ **Le pacte du peuple avec lui-même.**

Reste à savoir quelle forme va prendre l'État, et c'est là-dessus que porte toute la réflexion politique de Rousseau, dont dérivera sa conception du droit naturel raisonné.

L'État dans son origine (c'est-à-dire dans sa constitution) est un contrat de tout le peuple avec lui-même. C'est ce qu'affirmera clairement le *Contrat social*, c'est ce que laisse déjà entendre le *Discours* : *La société ne consista d'abord qu'en quelques conventions générales que tous les particuliers s'engageaient à observer et dont la communauté se rendait garante envers chacun d'eux* ; *le public seul devait être le témoin et le juge* des infractions. En d'autres termes, le pacte

1. V. Goldschmidt, *Anthropologie et politique*, IIe partie, chap. VII, p. 579.

originel proposé par le riche consiste simplement dans un accord unanime, fondé sur la bonne volonté de chacun, de fixer collectivement des règles de justice et d'arbitrage, et de les appliquer collectivement. Cette forme du pacte social restera, pour Rousseau, l'essence de l'État : une volonté du peuple dans son ensemble, appliquée au peuple dans son ensemble. Quels que soient les formes particulières de l'État, l'origine et la finalité du pouvoir d'État devront toujours se calquer sur ce schéma d'un peuple se donnant à soi-même des lois. Le peuple est le seul « souverain » légitime dans l'État.

▸ **Le principe de l'égalité de raison.**

Cette conception de la souveraineté conduit Rousseau à réfuter les principes fondamentaux des théories monarchistes, qui fondent l'autorité de l'État sur un « droit divin ». Des auteurs tels que Bossuet et le chevalier Filmer voyaient dans le souverain un prince mis par Dieu au-dessus des hommes, à l'image d'un père dont la mission est de protéger des enfants, lesquels lui sont soumis en raison de leur faiblesse naturelle. La réfutation de Rousseau, appuyée sur les arguments de Locke, annonce celle qu'il proposera dans le *Contrat social*, au chapitre II du livre I : la comparaison du pouvoir politique avec le pouvoir paternel consiste à supposer, ce qui n'est pas légitime, que les chefs soient *d'une nature supérieure à celle de leurs peuples*. Or pour Rousseau, les hommes disposant tous d'une raison, ils sont en ceci naturellement égaux – la « nature » ne désignant pas ici l'état de non-civilisation, mais la constitution essentielle de l'homme civilisé. Entre des hommes civilisés, rien ne permet de supposer par principe qu'un homme est plus capable qu'un autre de savoir ce qui est bon pour lui. Les peuples ne sont pas formés d' « enfants » irresponsables, qui auraient besoin de pères pour veiller sur eux.

On peut donc résumer ainsi le rôle de la fondation de l'État pour Rousseau, et son rapport avec la question de l'égalité : l'inégalité sociale (en particulier la propriété) conduit les hommes à s'organiser politiquement, en se donnant des lois. Cette organisation politique leur permet cependant de prendre conscience de leur égalité en dignité et en responsabilité, en exerçant leur liberté rationnelle.

▸ **La nécessité d'un pouvoir exécutif.**

La forme pure du pacte d'association ne peut cependant suffire à assurer la paix civile :

> Il fallut que la loi fût éludée de mille manières ; il fallut que les inconvénients et les désordres se multipliassent continuellement, pour qu'on songeât enfin à confier à des particuliers le dangereux dépôt de l'autorité publique et qu'on commît à des magistrats le soin de faire observer les délibérations du peuple.

La nécessité d'*appliquer* la loi oblige à mettre en place des *magistrats,* c'est-à-dire un pouvoir exécutif et judiciaire. Rousseau, dans le *Contrat social,* marquera très nettement cette distinction entre le pouvoir législatif, qui pose des principes généraux applicables à tous (les lois), et qui ne peut appartenir qu'au peuple, et les pouvoirs exécutif et judiciaire permettant d'appliquer ces lois aux cas particuliers. Le gouvernement (pouvoir exécutif) est donc qualifié par Rousseau, dans le *Contrat social* (l. III, chap. I), de *corps intermédiaire établi entre les sujets et le souverain pour leur mutuelle correspondance, chargé de l'exécution des lois et du maintien de la liberté, tant civile que politique.*

Rousseau ne tranche pas encore nettement, dans le *Discours,* la question de savoir si cette nomination des magistrats est elle-même un contrat, mais il donne toutes les raisons de soupçonner la réponse, qu'il ne formulera clairement que dans le *Contrat social.* Cette question est le point sur lequel sa pensée politique se distingue des autres auteurs du droit naturel moderne. C'est sous la forme d'un « pacte de gouvernement » ou « de soumission » que la plupart des auteurs modernes avaient imaginé le contrat instituant la société. Les auteurs auxquels pense Rousseau sont

Grotius, Pufendorf et Hobbes, qui partent des mêmes prémisses que Rousseau pour analyser l'origine des États, mais parviennent à d'autres conclusions.

▸ **La réfutation du pacte de soumission.**

Les prémisses sont les mêmes chez Rousseau et chez les fondateurs du droit naturel moderne. Pour le dire schématiquement, la pensée politique moderne intègre à ses raisonnements le *fait* de la liberté humaine, qui est un fait primitif, non tant d'un point de vue chronologique que d'un point de vue logique. Ce fait est primitif, au sens où il est le point de départ à partir duquel doivent se faire les raisonnements sur la constitution de l'État. L'expérience des guerres civiles et des révolutions oblige les philosophes modernes à penser le politique au risque de la révolution, c'est-à-dire en tenant compte du pouvoir qu'a toujours l'homme de recouvrer son indépendance et sa faculté de résister face à l'autorité de l'État. Ainsi se comprend la fiction de l'état de nature dans le contexte du droit naturel moderne : il s'agit de « mettre les choses à plat », de montrer comment des hommes, disposant d'une absolue indépendance juridique, pourraient *en venir*, par raison ou par nécessité, à se soumettre aux obligations des lois. Une telle fiction a pour but de penser une constitution de l'État qui fasse fond sur la liberté individuelle.

Cette fiction conduit ces auteurs à concevoir un « contrat » originel, qui engage la liberté des individus, par un acte volontaire, à obéir au pouvoir de l'État. Cependant les auteurs auxquels Rousseau fait référence (il vise ici Pufendorf, il s'en prendra dans le *Contrat social* plutôt à Grotius ou à Hobbes) considèrent que ce pacte peut consister dans le transfert total et irrévocable du pouvoir à un homme ou à un groupe d'hommes. Un tel pacte est un « pacte de soumission » *(pactum subjectionis)*, et Rousseau, sans le dire encore explicitement, laisse entendre qu'il ne peut définir le véritable pacte social : *il ne serait pas [...]*

raisonnable de croire que les peuples se sont d'abord jetés entre les bras d'un maître absolu, sans conditions et sans retour.

Dans le *Contrat social,* Rousseau réfutera clairement l'idée du pacte de soumission, en montrant que les magistrats ne sont que les « ministres », c'est-à-dire, étymologiquement, les serviteurs, du peuple, et que le peuple n'est engagé qu'à l'égard de lui-même. De ce point de vue, les auteurs dont Rousseau est le plus proche sont Locke et Spinoza, qui ébauchent comme lui les principes des constitutions démocratiques. Mais même ces auteurs admettent qu'un transfert de souveraineté est nécessaire à l'établissement de l'État – quitte à assortir ce transfert de garanties. Seul Rousseau affirmera aussi nettement la subordination des magistrats à la volonté du peuple, l'absolue souveraineté du peuple, et la nécessité d'un exercice direct de la souveraineté par le peuple lui-même.

4. L'origine du despotisme

▸ **La naissance des privilèges : commentaire de texte.**

La nomination nécessaire de magistrats – institution qui est elle-même légitime, si elle a pour vocation de servir la volonté du peuple – est considérée par Rousseau dans le *Discours* comme la cause, ou plutôt l'occasion, de la corruption des gouvernements, de la confiscation du pouvoir et de son détournement à des fins illégitimes. Les magistrats en effet sont nécessairement tentés de *se regarder eux-mêmes comme les propriétaires de l'État dont ils n'étaient d'abord que les officiers* et d'*appeler leurs concitoyens leurs esclaves*, enfin de *les compter comme du bétail au nombre des choses qui leur appartenaient et à s'appeler eux-mêmes égaux aux dieux et rois des rois.* L'essentiel de la fin du *Discours* consiste à décrire la façon dont se met en place cette corruption. Le *Contrat social*, de même, traitera dans les chapitres X et XI du livre III *De l'abus du gouvernement et de sa pente à dégénérer.*

Rousseau détaille très précisément ce processus dans un texte important du *Discours* dont nous proposons des éléments de commentaire.

> Les distinctions politiques amènent nécessairement les distinctions civiles. L'inégalité, croissant entre le peuple et ses chefs, se fait bientôt sentir parmi les particuliers et s'y modifie en mille manières selon les passions, les talents et les occurrences. Le magistrat ne saurait usurper un pouvoir illégitime sans se faire des créatures auxquelles il est forcé d'en céder quelque partie. D'ailleurs, les citoyens ne se laissent opprimer qu'autant qu'entraînés par une aveugle ambition et regardant plus au-dessous qu'au-dessus d'eux, la domination leur devient plus chère que l'indépendance, et qu'ils consentent à porter des fers pour en pouvoir donner à leur tour. Il est très difficile de réduire à l'obéissance celui qui ne cherche point à commander et le politique le plus adroit ne viendrait pas à bout d'assujettir des hommes qui ne voudraient qu'être libres; mais l'inégalité s'étend sans peine parmi des âmes ambitieuses et lâches, toujours prêtes à courir les risques de la fortune et à dominer ou servir presque indifféremment selon qu'elle leur devient favorable ou contraire. C'est ainsi qu'il dut venir un temps où les yeux du peuple furent fascinés à tel point que ses conducteurs n'avaient qu'à dire au plus petit des hommes: Sois grand, toi et toute ta race, aussitôt il paraissait grand à tout le monde ainsi qu'à ses propres yeux, et ses descendants s'élevaient encore à mesure qu'ils s'éloignaient de lui; plus la cause était reculée et incertaine, plus l'effet augmentait; plus on pouvait compter de fainéants dans une famille, et plus elle devenait illustre.

• **Présentation.**

Rousseau, après avoir montré que la seule fonction légitime des dirigeants d'un État est d'être les serviteurs du peuple, analyse les processus qui expliquent l'apparition d'inégalités injustes et aberrantes, telles que les distinctions aristocratiques.

• **Problématique.**

L'existence de l'État fait qu'il devient nécessaire de confier l'autorité publique entre les mains de « magistrats », donc l'établissement d'une certaine hiérarchie politique. Cependant ceux-ci tendent à confisquer le pouvoir dans leur intérêt privé. Les dirigeants d'un État parviennent à cette fin en utilisant les rivalités et l'amour-propre des membres de l'État.

• **Structure argumentative.**

I. Les faits. Les distinctions légitimes, liées à l'établissement du pouvoir exécutif, se transforment en inégalité illégitimes (oppression despotique) en utilisant le « désir d'inégalité » qui domine les hommes civilisés.

1 / *Le magistrat ne saurait usurper un pouvoir illégitime sans se faire des créatures auxquelles il est forcé d'en céder quelque partie :* comme le magistrat ne détient son pouvoir que de la volonté du peuple, il est impossible qu'il le confisque sans la complicité de celui-ci. Le magistrat va donc utiliser son pouvoir politique pour se faire des complices en privilégiant certains particuliers d'une façon ou d'une autre, ce qui fera d'eux ses « obligés », c'est-à-dire ses débiteurs.

2 / *Les citoyens ne se laissent opprimer qu'autant qu'entraînés par une aveugle ambition :* la manœuvre du magistrat ne fonctionne qu'à condition que la psychologie des sujets la rende possible. Or l'état de civilisation étant caractérisé dans son essence par le règne de l'amour-propre, rien n'est plus facile ni plus probable que la réussite de cette manœuvre. En effet, le caractère à la fois irrationnel *(aveugle)* et universel de l'amour-propre fait que tout le peuple est mystifié par les manipulations des dirigeants : les citoyens *regardant plus au-dessous qu'au-dessus d'eux, la domination leur devient plus chère que l'indépendance, et [...] ils consentent à porter des fers pour en pouvoir donner à leur tour*. L'illusion que nourrit chacun de pouvoir bénéficier de privilèges injustes fait que chacun accepte le principe des

privilèges et de l'injustice. La plupart ont tout à y perdre, puisque les privilèges ne peuvent bénéficier, par définition, qu'à une minorité ; et pourtant tous ont l'illusion d'avoir à y gagner.

II. L'analyse. La reconnaissance de privilèges, qui détournent le sens et la raison d'être de l'État, est inconcevable si chacun est conscient des conditions de sa liberté, et soucieux de la conserver. Donc l'existence de tels privilèges s'explique par une illusion sur les conditions véritables de la liberté.

1 / *Il est très difficile de réduire à l'obéissance celui qui ne cherche point à commander et le politique le plus adroit ne viendrait pas à bout d'assujettir des hommes qui ne voudraient qu'être libres.* Le désir le plus spontané de l'homme est d'être libre. Mais il croit qu'il sera d'autant plus libre qu'il pourra dominer d'autres hommes. Ce qui le conduit à admettre un système d'oppression, dont il imagine qu'il pourra être (ou même qu'il est en quelque manière) le bénéficiaire.

2 / *L'inégalité s'étend sans peine parmi des âmes ambitieuses et lâches, toujours prêtes à courir les risques de la fortune et à dominer ou servir presque indifféremment selon qu'elle leur devient favorable ou contraire.* L'enjeu de l'analyse est ici très clair : c'est de *l'extension* de l'inégalité qu'il s'agit, et non de l'inégalité tout court (l'inégalité est impossible à supprimer dans les États même les plus justes, puisqu'elle est la raison d'être de l'apparition de l'État). Quant à la nature de cette extension, elle n'est pas moins explicite. Elle consiste exactement dans une distribution *arbitraire et capricieuse* des fonctions politiques : ce sont la « fortune » – c'est-à-dire la chance – et les aléas des intérêts privés, et non pas la raison ni l'intérêt général, qui déterminent la distribution des pouvoirs et des puissances.

Le texte se conclut sur une charge sans ambiguïté, qui met le doigt sur l'inégalité visée par le texte : l'aristocratie héréditaire. La décision arbitraire du prince, disant à un homme sans qualités ni mérites particuliers : *Sois grand, toi et toute ta race* (« race » signifie au XVIIIe siècle « lignée familiale »), suffit à donner à des particuliers une puissance aberrante et de plus en plus injuste à mesure que les générations passent : *plus on pouvait compter de fainéants dans une famille, et plus elle devenait illustre.* L'usage de l'imparfait ne trompe bien-sûr pas le lecteur : c'est évidemment la France d'Ancien Régime qui fait l'objet de l'analyse.

▸ **La fin de l'État.**

Cette confiscation du pouvoir d'État est ce que Rousseau nomme « despotisme », c'est-à-dire appropriation de la « chose publique » *(res publica)* au profit d'intérêts privés (le terme « despote » désigne, en grec, le chef de famille, qui règne sur son domaine privé). L'apparition du despotisme détruit toute légitimité de l'État : le peuple ne peut se soumettre aux lois que librement, et n'a donc de raison de le faire que si la soumission aux lois ne profite à personne en particulier, mais à tous en général. *C'est ici*, écrit Rousseau, *que tout se ramène à la seule loi du plus fort et par conséquent à un nouvel état de nature*, c'est-à-dire à un état pré-politique. A ce stade de corruption, *de nouvelles révolutions dissolvent tout à fait le gouvernement, ou le rapprochent de l'institution légitime.*

Voilà la conclusion de cette histoire hypothétique des gouvernements. La souveraineté ne pouvant résider que dans le peuple, les peuples ont vocation à récupérer leur souveraineté par un renversement violent des despotismes, afin de faire coïncider le commencement réel de l'État avec son origine légitime. A cette condition seulement, les inégalités d'institution se maintiendront dans les bornes de la légitimité et de l'intérêt collectif. Rousseau précisera encore, en particulier dans l'article « Économie politique » qu'il rédigera pour l'*Encyclopédie*, que la création et le maintien de l'esprit républicain supposent, outre une éducation civique (dont la Sparte de Lycurgue avait donné l'exemple), de maintenir l'inégalité des richesses dans des bornes modérées, afin d'éviter qu'elle n'interfère dans l'exercice de la liberté juridique et politique.

La réponse de Rousseau à la question posée par l'Académie de Dijon est donc la suivante : l'inégalité aristocratique est évidemment injuste et illégitime ; l'inégalité économique doit être contenue dans des bornes qui l'empêchent de détruire les principes de la république ; enfin les lois d'un État juste doivent poser une égalité juridique absolue, dans laquelle chaque membre du peuple est soumis à des lois que le peuple s'impose collectivement.

4

Lectures du Discours

L'ŒUVRE A L'ÉPREUVE DU TEMPS

▸ « Marcher à quatre pattes ».

J'ai reçu, Monsieur, votre nouveau livre contre le genre humain, je vous en remercie. Vous plairez aux hommes, à qui vous dites leurs vérités, mais vous ne les corrigerez pas. On ne peut peindre avec des couleurs plus fortes les horreurs de la société humaine, dont notre ignorance et notre faiblesse se promettent tant de consolation. On n'a jamais employé tant d'esprit à vouloir nous rendre bêtes ; il prend envie de marcher à quatre pattes, quand on lit votre ouvrage. Cependant, comme il y a plus de soixante ans que j'en ai perdu l'habitude, je sens malheureusement qu'il m'est impossible de la reprendre, et je laisse cette attitude naturelle à ceux qui en sont plus dignes que vous et moi.

C'est en ces termes que Voltaire, dans une lettre du 30 août 1755, répond à Rousseau, qui lui portait une grande admiration et lui avait adressé son livre. Le ton est brillant et spirituel, la critique assez facile. Rousseau répond en ces termes le 10 septembre : *Je n'aspire pas à nous rétablir dans notre bêtise [...]. Ne tentez donc pas de retomber à quatre pattes ; personne au monde n'y arriverait moins que vous. Vous nous redressez trop bien sur nos deux pieds pour cesser de vous tenir sur les vôtres.* Rousseau n'eût pas eu besoin de faire ces précisions, si Voltaire avait pris la peine de lire le *Discours* avec toute l'attention requise. Il aurait trouvé dans la note IX, toute prête, cette réponse à ses sarcasmes :

> Quoi donc? Faut-il détruire les sociétés, anéantir le tien et le mien, et retourner vivre dans les forêts avec les ours? Conséquence à la manière de mes adversaires, que j'aime autant prévenir que de leur laisser la honte de la tirer. O vous, à qui la voix céleste ne s'est point fait entendre et qui ne reconnaissez pour votre espèce d'autre destination que d'achever en paix cette courte vie, vous qui pouvez hisser au milieu des villes vos funestes acquisitions, vos esprits inquiets, vos cœurs corrompus et vos désirs effrénés, reprenez, puisqu'il dépend de vous, votre antique et première innocence [...] Quant aux hommes semblables à moi dont les passions ont détruit pour toujours l'originelle simplicité, qui ne peuvent plus se nourrir d'herbe et de gland, ni se passer de lois et de chefs, [...] ils respecteront les sacrés liens des sociétés dont ils sont les membres; ils aimeront leurs semblables et les serviront de tout leur pouvoir; ils obéiront scrupuleusement aux lois et aux hommes qui en sont les auteurs et les ministres [...].

En réalité, Voltaire avait lu avec attention le *Discours ;* il l'avait même abondamment annoté. C'est à croire qu'il faut un peu de mauvaise foi pour en retenir ce que Voltaire en retient. De la mauvaise foi, ou de la malveillance à l'égard de Rousseau, Voltaire n'en manquait pas. C'est lui qui dénoncera en 1764, dans un libelle anonyme bien peu digne de lui, l'abandon par Rousseau de ses enfants aux Enfants-Trouvés. Ce faisant, il semble confirmer par le fait l'un des enseignements du *Discours :* les passions sociales peuvent porter les hommes aux dernières extrémités de mesquinerie et de jalousie; et ces passions n'épargnent pas même, semble-t-il, les plus savants et les plus éclairés d'entre eux. *Ne soyez pas surpris*, écrit encore Rousseau dans sa réponse à Voltaire, *de sentir quelques épines inséparables des fleurs qui couronnent les grands talents.*

▸ **Rousseau et les Lumières.**

Oublions donc les mauvaises querelles de Voltaire, cette fleur chargée d'épines, et tâchons d'évaluer avec plus de sérénité l'intérêt que recèle le *Discours*. Nous espérons avoir donné au lecteur suffisamment d'éléments pour qu'il ne s'en tienne pas, dans sa lecture, à de trop commodes simplismes.

Nous avons sans doute privilégié, comme tout lecteur, des axes d'interprétation discutables, et insuffisants à en épuiser la compréhension. C'est l'un des grands mérites de ce *Discours* : la richesse et la complexité de la pensée, mais aussi de l'écriture, en font un texte que l'on ne finit pas de lire, et dont les commentateurs ne finiront pas de sitôt de tirer les plus riches perspectives philosophiques. Ce qui nous semble cependant peu discutable, c'est le profond renouvellement qu'a fait subir Rousseau à l'étude anthropologique. Le désir de reprendre à la base la question de la nature humaine, sa signification et ses conditions de possibilité, a conduit Rousseau à ouvrir des pistes réellement inédites. Ces pistes sont celles qu'explorera avidement le XIXe siècle, sans toujours rendre à Rousseau ce qui lui était dû. Rousseau le premier, nous semble-t-il, sut avec autant d'acuité apercevoir les impasses d'une réflexion abstraite et anhistorique sur l'homme. Le premier, il posa les fondements d'une anthropologie et d'une sociologie qui ne construisent pas leurs démonstrations sur le présupposé d'une nature humaine immuable et éternelle. Le premier, il décrivit l'homme comme le produit d'une formation progressive, d'une élaboration conjointe de son intelligence et de son environnement social. Le premier, il définit l'homme non comme nature, mais comme histoire.

Rousseau a suscité une méfiance grandissante dans les milieux philosophiques de son siècle, d'abord à cause de son caractère exécrable. Mais il y a d'autres raisons. Rousseau porte au plus haut point la conscience des limites de l'optimisme des Lumières. Il est le premier à prendre un tel recul à l'égard de la culture et des Lumières, à essayer de décrypter les perversions inhérentes à l'acquisition de la culture. Son analyse des mécanismes du passage de la nature à la culture le conduisent, non bien sûr à rejeter toute culture et toute civilisation – ce qui serait assez sot –, mais à souligner ce qui, dans la culture, tient de la déraison plutôt que de la raison.

Il en conclut certes la nécessité de conduire à son terme la civilisation, de lutter, par une culture et une éducation accomplies – pleinement raisonnables – contre les perversions de la culture. Cependant sa primitive méfiance à l'égard des engouements naïfs et imprudents que suscite la diffusion des Lumières suffit à le rejeter hors des cercles où l'on nourrit une foi aveugle dans la disparition prochaine de toute erreur et de toute superstition.

C'est sans doute ailleurs, en Allemagne, où germent des analyses comparables à celles de Rousseau sur l'essence de la culture, sur les détours nécessaires de l'histoire, que Rousseau est, au moins dans un premier temps, le mieux compris.

▸ **Rousseau et les philosophies de l'histoire.**

Kant, nous l'avons déjà mentionné, reconnaît la dette qu'il a à l'égard de Rousseau. E. Cassirer cite un texte de Kant où celui-ci voit en Rousseau l'équivalent de Newton, dans le domaine de la philosophie morale :

> Newton fut le premier à voir de l'ordre et de la régularité alliés à une grande simplicité là où, avant lui, on ne rencontrait que désordre et disparate ; depuis, les comètes suivent des trajectoires géométriques. Rousseau fut le premier à découvrir sous la disparité des constellations humaines la nature profondément cachée de l'homme et la loi secrète qui, grâce à ses observations, justifie la Providence.

Cassirer souligne la difficulté que soulève l'interprétation de ces phrases[1]. Cependant on peut en risquer quelques élé-

1. *Le Problème J.-J. Rousseau*, p. 52.

ments probables. Kant reprend de Rousseau le rôle éminent que doit jouer la raison dans la rédemption morale de l'homme. *L'obéissance à la loi qu'on s'est prescrite est liberté*, écrivait Rousseau dans le *Contrat social*, préfigurant les formulations de Kant sur l'autonomie rationnelle, fondée sur l'obéissance à la voix du devoir. Mais si Kant voit en Rousseau un éclaireur, c'est aussi qu'il lui rend justice d'avoir aperçu le rôle paradoxal de l'existence sociale dans l'apprentissage de la liberté et de la raison. Il trouve des termes très proches de Rousseau pour décrire, par exemple dans l'*Idée d'une histoire universelle*, les rivalités que fait d'abord naître, et qu'excite, la sociabilité. Il y voit comme Rousseau la lointaine origine de la moralisation de l'humanité : c'est l'expérience de l'égoïsme et de la lutte des ambitions qui rend nécessaire l'instauration d'un ordre politique raisonnable, lequel donne à la raison l'occasion de s'exercer et de se cultiver. Kant montre d'ailleurs, dans les *Conjectures sur les débuts de l'histoire humaine* (1786), qu'il a parfaitement saisi la signification politique et morale des descriptions du *Discours* :

> On peut également accorder entre elles et avec la raison les affirmations si mal comprises et en apparence contradictoires du célèbre Jean-Jacques Rousseau. Dans ses ouvrages *Sur l'influence des sciences* et *Sur l'inégalité des hommes,* il montre très justement le conflit inévitable de la culture avec le genre humain comme espèce physique au sein de laquelle tout individu devrait atteindre pleinement sa destination [...]. Mais dans son *Émile* et dans son *Contrat social* et d'autres écrits, il cherche à nouveau à résoudre ce problème plus difficile : comment la culture doit-elle progresser pour développer convenablement jusqu'à leur destination, les destinations de l'humanité en tant qu'espèce *morale,* de sorte que la culture ne s'oppose plus à l'humanité en tant qu'espèce naturelle ?

L'humanité en tant qu'espèce physique est la première manifestation d'une égalité de principe entre les hommes, égalité que détruit le passage à la culture ; cette égalité naturelle de l'espèce humaine doit alors être reconquise par la raison, elle sert de modèle à l'égalité morale qui doit redonner à l'humanité son unité perdue. Kant, comme Rousseau, voit dans l'histoire des hommes un parcours complexe et plein d'apparentes contradictions vers l'autonomie morale, parcours dans lequel la création de sociétés politiques joue un rôle décisif pour le progrès de la raison.

Il est d'ailleurs frappant de constater que les analyses les plus approchantes de celles que propose le *Discours* sont celles de Hegel, le philosophe de l'histoire. La *Phénoménologie de l'esprit* (1807) proposera, dans un style et avec un vocabulaire certes très étrangers à ceux de Rousseau, une réflexion qui aboutira à des conclusions analogues quant à cette négation de la nature qui constitue l'humain dans sa spécificité. Pour Hegel comme pour Rousseau, c'est dans un arrachement à l'immédiateté de l'existence animale que se pose et se forme la conscience de soi. On retrouve de même chez Hegel l'importance du désir dans ce processus de formation de la conscience. En particulier, Hegel, comme Rousseau, situe le moment crucial de l'humanisation dans ce moment où le strict besoin animal se métamorphose en désir. Comme Rousseau il voit le fond de tout désir humain dans un désir de considération (Hegel dit de reconnaissance) plutôt que consommation[1]. Enfin Hegel, comme Rousseau, considère la conscience comme un objet historique, appelé à se développer dans le cadre d'une existence sociale et politique, pour s'accomplir enfin dans ce que Hegel nomme l'« esprit » : *un moi qui est un nous, et un nous qui est un moi.*

C'est à croire que Hegel a lu Rousseau. Et il l'a lu, en effet. Mais il ne revendique pas cette filiation. Il retient surtout, de Rousseau, l'auteur du *Contrat social*, auquel il reproche, comme feront beaucoup d'auteurs au XIXe siècle, son abstraction et son oubli de l'histoire.

1. De nombreux commentateurs font ce rapprochement entre l'amour-propre rousseauiste et le désir du désir hégélien. V. en particulier V. Goldschmidt, *Anthropologie et politique,* I, chap. III, p. 360.

Un philosophe qui doit beaucoup à Hegel, Engels, le collaborateur de Marx, a quant à lui souligné, dans l'*Anti-Dühring* (1878), les analogies qui existent entre les descriptions du *Discours* et la philosophie de Hegel :

> La doctrine de l'égalité de Rousseau ne se réalise pas sans que la négation de la négation, selon Hegel – et, qui plus est, plus de vingt ans avant la naissance de Hegel –, doive faire office de sage-femme. [...] Tout nouveau progrès de la civilisation est, en même temps, un progrès de l'inégalité. Toutes les institutions que se donne la société née avec la civilisation tournent à l'encontre de leur but primitif. [...] [Enfin] l'inégalité se change derechef en égalité, non toutefois en cette vieille égalité naturelle de l'homme primitif privé de la parole, mais dans l'égalité supérieure du contrat social. C'est la négation de la négation.

En insistant ainsi sur le caractère dialectique (au sens hégélien du terme, c'est-à-dire au sens d'une progression par les dépassements successifs des oppositions), de l'anthropologie rousseauiste, Engels reconnaît à Rousseau l'une des dimensions profondément originales de sa pensée. Rousseau lu par les auteurs allemands apparaît bien comme un penseur de la « culture », au sens plutôt allemand que français du terme, c'est-à-dire au sens de la forme que prend l'existence humaine en tant qu'elle est travail, lutte, négation du donné.

▸ L'écran du *Contrat social.*

En France en revanche, un malentendu semble avoir pesé, tout au long du XIXe siècle, sur la lecture et l'interprétation de Rousseau. Des auteurs contre-révolutionnaires tels que J. de Maistre ou L. de Bonald, inspirés des critiques de l'anglais E. Burke, ne voient dans sa pensée que la formulation la plus achevée d'un individualisme abstrait, construit sur le mythe d'un « homme en général », éternel, universel et interchangeable. Le contractualisme, dont Rousseau passe pour le représentant le plus typique, est critiqué pour la représentation qu'il implique d'une société civile artificielle, créée de toutes pièces par des hommes isolés.

C'est paradoxalement à Rousseau que s'en prend le plus souvent le XIXe siècle français, de B. Constant à H. Taine en passant par Balzac, pour avoir méconnu tout ce qui précède la décision rationnelle dans la constitution des sociétés humaines : le rôle des habitudes, des structures collectives et de l'histoire concrète. Cette critique s'explique par l'écran que constitue le *Contrat social*, empêchant longtemps d'accéder sereinement à l'œuvre de Rousseau. D'autant que le *Contrat* n'est pas lu en France comme un livre, mais comme le bréviaire de la révolution, dont on retient surtout, au XIXe siècle, les conséquences terroristes.

La thèse centrale du *Contrat social* présente certes un schéma purement déductif, une « forme juridique rationnelle », qui fait abstraction des types humains, des caractères sociaux ou nationaux. L'étude des motivations psychologiques des individus et des peuples ne se pose pas lorsqu'il ne s'agit que de poser les formes juridiques de l'État, puisque ces formes possèdent une validité universelle et rationnelle, et définissent la norme d'un rapport légitime des citoyens à l'autorité. Cependant la question de l'enracinement des principes juridiques purs dans les situations historiques réelles, l'étude empirique de la conduite concrète des peuples, ne sont pas étrangères à la pensée de Rousseau.

Le *Contrat social*, traité de « droit politique », peut même apparaître comme un texte isolé et singulier dans l'œuvre de Rousseau. Rousseau a consacré la plus grande partie de son œuvre philosophique à la question des mœurs, de l'éducation et des modifications successives de la « nature humaine ». Les deux *Discours*, l'article *Économie politique* de l'Encyclopédie, *La Nouvelle Héloïse*, l'*Émile*, examinent sous des angles divers la genèse et la physique des passions et des attachements irrationnels. Peu d'auteurs furent plus sensibles que Rousseau à l'impossibilité de parler de l'homme « en général », hors d'un contexte, d'une histoire et d'un « climat », aussi bien physique qu'affectif.

▸ **J.-J. Rousseau, fondateur des sciences de l'homme.** Il faudra pourtant attendre la fin du XIXe siècle pour qu'un auteur français, le sociologue E. Durkheim, puisse qualifier Rousseau de *précurseur de la sociologie*. Cet aspect de la philosophie rousseauiste est aujourd'hui majoritairement reconnu, et c'est à l'ethnologue Cl. Lévi-Strauss que nous pouvons laisser le dernier mot, en citant l'hommage qu'il rendit à Rousseau en 1962, lors des cérémonies organisées à Genève à l'occasion du 250e anniversaire de la naissance du philosophe. Le titre de la conférence de Cl. Lévi-Strauss, recueillie en article dans *Anthropologie structurale Deux*, annonce explicitement le propos : « J.-J. Rousseau, fondateur des sciences de l'homme ».

> Rousseau ne fut pas seulement un observateur pénétrant de la vie paysanne, un lecteur passionné des livres de voyages, un analyste averti des coutumes et des croyances exotiques : sans crainte d'être démenti on peut affirmer que cette ethnologie qui n'existait pas encore, il l'avait, un plein siècle avant qu'elle ne fît son apparition, conçue, voulue et annoncée, la mettant d'emblée à son rang parmi les sciences naturelles et humaines déjà constituées [...].
>
> Cette prophétie, qui est en même temps un plaidoyer et un programme, occupe une longue note du *Discours sur l'origine de l'inégalité* [...]. « J'ai peine à concevoir, écrivait Rousseau, comment dans un siècle où l'on se pique de belles connaissances, il ne se trouve pas deux hommes – dont l'un sacrifie vingt mille écus de son bien, et l'autre dix ans de sa vie, pour y étudier, non toujours des pierres et des plantes, mais une fois les hommes et les mœurs [...] ».
>
> N'est-ce pas l'ethnologie contemporaine, son programme et ses méthodes, que nous voyons se dessiner ici [...] ?
>
> Rousseau ne s'est pas borné à prévoir l'ethnologie : il l'a fondée. D'abord de façon pratique, en écrivant ce *Discours sur l'origine et les fondements de l'inégalité parmi les hommes* qui pose le problème des rapports entre la nature et la culture, et où

l'on peut voir le premier traité d'ethnologie générale ; et ensuite, sur le plan théorique, en distinguant, avec une clarté et une concision admirables, l'objet propre de l'ethnologue de celui du moraliste et de l'historien : « quand on veut étudier les hommes, il faut regarder près de soi ; mais pour étudier l'homme, il faut apprendre à porter sa vue au loin ; il faut d'abord observer les différences pour découvrir les propriétés. » (*Essai sur l'origine des langues*, chap. VIII).

[...] Et la dette de l'ethnologue envers Rousseau se trouve accrue du fait que, non content d'avoir avec une précision extrême situé une science encore à naître dans le tableau des connaissances humaines, il a, par son œuvre, par le tempérament et le caractère qui s'y exprime, par chacun de ses accents, par sa personne et par son être, ménagé à l'ethnologue le confort fraternel d'une image en laquelle il se reconnaît et qui l'aide à mieux se comprendre, non comme une pure intelligence contemplatrice, mais comme l'agent involontaire d'une transformation qui s'opère à travers lui, et qu'en Jean-Jacques Rousseau, l'humanité entière apprend à ressentir.

[...] Ce que Rousseau exprime, [...], c'est – vérité surprenante, bien que la psychologie et l'ethnologie nous l'ait rendue plus familière – qu'il existe un « il » qui se pense en moi, et qui me fait d'abord douter si c'est moi qui pense. Au « que sais-je » de Montaigne (d'où tout est sorti), Descartes croyait pouvoir répondre que je sais que je suis puisque je pense ; à quoi Rousseau rétorque un « que suis-je ? » ; alors que l'expérience intime ne fournit que ce « il », que Rousseau a découvert et dont il a lucidement entrepris l'exploration.

Approfondir

- Rousseau J.-J., *Œuvres complètes* en cinq volumes, Bibliothèque de la Pléiade, 1959-1995.
- Bouchard M., *L'Académie de Dijon et le premier Discours de Rousseau*, Paris, Les Belles Lettres, 1950.

- Cassirer E., *Le Problème J.-J. Rousseau* (1932), trad. de Marc B. de Launay, Hachette, 1987.

— *La Philosophie des lumières* (1932), trad. de P. Quillet, Fayard, 1990.

- Derathé R., *J.-J. Rousseau et la science politique de son temps* (1950), Vrin, 1988.

Le Rationalisme de J.-J. Rousseau, PUF, 1948.

- Goldschmidt V., *Anthropologie et politique – Les principes du système de Rousseau*, Vrin, 1983.
- Gouhier H., *Les méditations métaphysiques de J.-J. Rousseau*, Vrin, 1970.
- Lévi-Strauss Cl., « J.-J. Rousseau, fondateur des sciences de l'homme » (1962), in *Anthropologie structurale Deux*, Plon, 1973.
- Morel J., « Recherches sur les sources du *Discours de l'inégalité* », in *Annales J.-J. Rousseau*, t. V, Genève, A. Jullien, 1909.
- Starobinski J., *J.-J. Rousseau, la transparence et l'obstacle*, Gallimard, 1971.
- Tisserand R., Les Concurrents de J.-J. Rousseau à l'Académie de Dijon pour le prix de 1754, Université de Paris, 1936.

Lexique

Amour de soi/amour-propre : L'amour de soi est un sentiment naturel qui porte l'individu à se conserver. L'amour-propre est un sentiment social et artificiel qui porte l'individu à vouloir être aimé et considéré.

Civil : Relatif à la société.

Constitution : Organisation, structure. Rousseau l'emploie en particulier pour désigner ce qui, dans la nature humaine, est modifiable.

Despotisme : Confiscation de l'autorité publique par le chef de l'État au profit de son intérêt privé.

État de nature : État de l'homme avant la société. Rousseau distingue le « premier état de nature », qui est l'état quasi-animal de l'homme avant le développement de ses facultés, et l'état de l'homme déjà civilisé mais non encore soumis à une autorité politique.

Institution : Fait d'établir par une convention humaine. Ce qui est établi par cette convention.

Loi : La loi de la nature est une régularité nécessaire, observable dans les phénomènes. Les lois morales ou politiques sont des règles donnant des obligations générales à des êtres libres.

Lumières : Facultés et connaissances intellectuelles.

Magistrat : Personne chargée d'appliquer les lois de l'État, soit au titre du pouvoir exécutif, soit au titre du pouvoir judiciaire.

Métaphysique : Ce qui sort des cadres de la nature et ne relève pas d'une connaissance empirique.

Moral : 1 / Ce qui relève de l'esprit et de ce qu'il reconnaît librement. En ce sens, le « moral » se distingue du « physique » : le physique est seulement ce qui est constaté, ce qui relève d'une nécessité naturelle. 2 / Relatif aux mœurs, et en particulier conforme aux bonnes mœurs.

Pacte : Accord conclu entre des parties en vue de leur intérêt commun. Pacte social : pacte passé entre les membres d'une collectivité et une autorité souveraine, en vue de l'institution de l'État. Chez Rousseau, pacte du peuple avec lui-même.

Passions : Au sens large, tout ce que l'homme subit passivement : ses sensations, ses sentiments, ses impulsions. Au sens strict, sentiments suscités par l'amour-propre, désirs sociaux.

Glossaire des noms propres

Alexandre (IVe s. av. J.-C.) : tyran de Phères, en Thessalie (Grèce). Il fut assassiné par sa femme.

Aristote (384-322) : philosophe grec. Il est l'auteur de nombreux ouvrages, dont *La Politique.*

Barbeyrac, Jean (1674-1744) : juriste français. Il a traduit les ouvrages de Grotius et de Pufendorf.

Battel, Andrew : voyageur anglais. Il a écrit un *Voyage en Angola.*

Brasidas (Ve s. av. J-C) : général spartiate, qui s'illustra dans la guerre du Péloponèse.

Buffon, Georges Louis Leclerc, comte de – (1707-1788) : intendant du jardin du roi. Il fut l'un des plus grands naturalistes du XVIIIe siècle, et rédigea une *Histoire naturelle.*

Burlamaqui, Jean-Jacques (1694-1748) : juriste suisse. Il est l'auteur de *Principes du doit naturel* et de *Principes du droit politique.*

Celse, en latin Celsus Aulus Cornelius (Ier s. apr. J.-C.) : médecin latin. Il est l'auteur du *De Medecina.*

Chardin, Jean (1643-1713) : voyageur français. Il est l'auteur du *Voyage en Perse et aux Indes orientales.*

Condillac, Étienne Bonnot de – (1715-1780) : philosophe français. Il est l'auteur entre autres de l'*Essai sur l'origine des connaissances humaines* et du *Traité des sensations.*

Corréal, François : voyageur, auteur des *Voyages aux indes orientales* (traduits de l'espagnol en 1722).

Ctésias (Ve-IVe s. av. J.-C.) : médecin grec. Il est l'auteur d'une *Histoire de la Perse.*

Cumberland (1631-1718) : évêque anglais. Il est l'auteur du *Traité philosophique des lois naturelles.*

Dapper : médecin hollandais. Il a publié des récits de voyages en Afrique, traduits en français à la fin du XVIIe siècle.

Démosthène (384-322) : homme politique athénien.

Diderot, Denis (1713-1784) : philosophe français. Il fut le maître d'œuvre de l'*Encyclopédie,* et a rédigé de nombreux ouvrages de philosophie et de littérature.

Dutertre, Jean-Baptiste : missionnaire français. Il est l'auteur, à la fin du XVIIe siècle, d'une *Histoire générale des Antilles habitées par les Français.*

Grotius, Hugo de Groot, dit – (1583-1645) : juriste hollandais. Il est l'auteur du *Droit de la guerre et de la paix,* et est considéré comme le père du droit naturel moderne.

Hérodote (484-425) : l'un des premiers historiens grecs. Il est l'auteur des *Histoires.*

Hippocrate (460-375) : médecin grec. Il est l'auteur de nombreux traités de médecine, réunis dans le *Corpus Hyppocratum.*

Hobbes, Thomas (1588-1679) : philosophe anglais. Il est l'auteur entre autres du *De Cive* et du *Leviathan.*

Justin (IIe s. apr. J.-C.) : historien latin. Il est l'auteur des *Histoires philippiques.*

Juvénal, en latin Decimus Junius Juvenalis (60-125) : poète latin. Il est l'auteur de *Satires.*

Kämpfer, Engelbert (1651-1712) : médecin allemand. Il est l'auteur d'une *Histoire naturelle, civile et ecclésiastique de l'empire du Japon.*

Kolben : auteur, au début du XVIIIe siècle, du *Voyage chez les Hottentots* et de la *Description du cap de Bonne-Espérance.*

La Condamine, Charles-Marie de – (1701-1774) : mathématicien français. Il a publié en 1751 les observations qu'il fit alors qu'il mesurait un arc de méridien sous l'équateur : *Mesure des trois premiers degrés du méridien dans l'hémisphère austral.*

Laët, Jean de – (1593-1649) : géographe hollandais. Il est l'auteur du *Nouveau Monde, ou description des Indes occidentales.*

Locke, John (1632-1704) : philosophe anglais. Il est l'auteur entre autres des *Discours sur le gouvernement civil.*

Lucain, en latin Marcus Annaeus Lucanus (39-65) : poète latin. Il est l'auteur de la *Pharsale.*

Lucrèce, en latin Titus Lucretius Carus (99-55) : poète latin. Il est l'auteur du *De Natura rerum.*

Lycurgue (IXe s. av. J.-C., ou même avant) : législateur mythique de Sparte, auquel on attribue en particulier l'institution d'une stricte éducation publique.

Machaon : personnage de l'Iliade, médecin des Grecs pendant le siège de Troie.

Mandeville, Bernard de – (1679-1733) : écrivain anglais satirique. Il est l'auteur de la *Fable des abeilles.*

Maupertuis, Pierre Louis Moreau de – (1698-1759) : mathématicien et savant français. Il mena des recherches en géographie, en physique, en biologie, et s'intéressa à l'origine des langues.

Merolla, Jérôme : missionnaire italien. Il est l'auteur d'un *Voyage au Congo.*

Montesquieu, Charles de Secondat, baron de – (1689-1755) : écrivain français. Il est l'auteur entre autres des *Lettres persanes* et de *L'Esprit des lois.*

Ovide, en latin Publius Ovidius Naso (43-17) : poète latin. Il est l'auteur entre autres des *Métamorphoses* et de l'*Art d'aimer.*

Palamède : personnage de l'Iliade, roi d'Eubée. On lui attribuait de nombreuses inventions, dont les nombres et le jeu de dés.

Perse, en latin Aulus Persius Flaccus (34-62) : poète latin. Il est l'auteur de *Satires.*

Platon (429-347) : philosophe grec. Il est l'auteur de nombreux dialogues, dont *La République.*

Pline l'Ancien, en latin Caius Plinius Secundus (23-79) : naturaliste romain. Il est l'auteur d'une *Histoire naturelle.*

Plutarque (45-125) : moraliste et historien grec. Il est l'auteur des *Vies parallèles.*

Podalire : personnage de l'Iliade, frère de Machaon.

Pufendorf, Samuel, baron von – (1632-1694) : juriste allemand. Il est l'auteur du *Droit de la nature et des gens.*

Sidney, Algernon (1622-1683) : chef républicain anglais. Il est l'auteur des *Discours sur le gouvernement.*

Smerdis, en perse Bardiya (VIe s. av. J.-C.) : se faisant passer pour le frère du prince Cambyse, il se fit proclamer roi de Perse en 522.

Socrate (470-399) : philosophe grec, mis en scène dans les dialogues de son disciple Platon.

Spinoza, Baruch (1632-1677) : philosophe hollandais d'origine juive portugaise. Il est l'auteur entre autres du *Traité théologico-politique* et de l'*Éthique.*

Sylla, en latin Lucius Cornelius Sulla (138-78) : général et homme politique romain. Vainqueur des partisans de Marius, il se fit nommer dictateur.

Tacite, en latin Publius Cornelius Tacitus (55-120) : historien latin. Il est l'auteur des *Histoires* et des *Annales.*

Thamyris : poète mythique de Thrace.

Vaumorière, Pierre d'Ortigues de – (1610-1693) : écrivain français. Il est l'auteur des *Harangues sur toutes sortes de sujets, avec l'art de les composer.*

Virgile, en latin Publius Vergilius Maro (70-19) : poète latin. Il est l'auteur entre autres des *Bucoliques* et de l'*Énéide.*

Voltaire, François Marie Arouet, dit – (1694-1778) : écrivain et philosophe français. Il est l'auteur de très nombreux ouvrages, dont l'*Essai sur les mœurs, Candide* et le *Traité sur la tolérance.*

Vossius (1618-1689) : érudit allemand. Il a édité des ouvrages de l'Antiquité.

Xénocrate (406-314) : philosophe grec. Il prit en 339 la direction de l'Académie fondée par Platon.

Imprimé en France
Imprimerie des Presses Universitaires de France
73, avenue Ronsard, 41100 Vendôme
Août 1996 — N° 43 175

MAJOR BAC

Premières Bac

AMMIRATI Charles – Le drame romantique, *thèmes et sujets* (Premières ES, L, S)

AMMIRATI Charles – Le roman d'apprentissage, *thèmes et sujets* (Premières ES, L, S)

BRISAC Anne-Laure – La tragédie racinienne, *textes commentés* (Première L)

BRISAC Anne-Laure – Fables de La Fontaine, *textes commentés* (Première L)

COBAST Éric – Premières leçons sur *Candide,* un conte voltairien (Premières toutes sections)

COBAST Éric – Mémento de français du bachelier (Premières toutes sections)

COULEAU Christelle – Premières leçons sur *Illusions perdues,* un roman d'apprentissage (Premières ES, L, S)

DEMORAND Nicolas – Premières leçons sur le roman d'apprentissage (Premières ES, L, S)

DEMORAND Nicolas – Premières leçons sur *Ruy Blas* de Victor Hugo (Premières toutes sections)

GENGEMBRE Gérard – Premières leçons sur le drame romantique (Premières toutes sections)

LE GALL Danielle – Le roman d'apprentissage, *textes commentés* (Premières ES, L, S)

LE GALL Danielle – Les romans d'André Malraux, *textes commentés* (Premières ES, L, S)

MARCANDIER-COLARD Christine – Premières leçons sur le conte voltairien (Premières toutes sections)

MARCANDIER-COLARD Christine – Premières leçons sur *Le Père Goriot,* un roman d'apprentissage (Premières ES, L, S)

MARCANDIER-COLARD Christine – Premières leçons sur *Lorenzaccio* d'Alfred de Musset (Premières toutes sections)

MERCOYROL Yannick, ROBERT Richard – Premières leçons sur *La Condition humaine* d'André Malraux (Premières ES, L, S)
MEYNIEL Nathalie – Le conte voltairien, *textes commentés* (Premières toutes sections)
QUESNEL Alain – La préface de *Cromwell* par Victor Hugo (Premières toutes sections)
QUESNEL Alain – Premières leçons sur la tragédie racinienne (Première L)
QUESNEL Alain – Premières leçons sur *Le Rouge et le Noir,* un roman d'apprentissage (Premières ES, L)
REFFAIT Christophe – Fables de La Fontaine (livres VII à XII), *thèmes et sujets* (Première L)
ROUMÉGAS Jean-Paul – Le conte voltairien, *thèmes et sujets* (Premières toutes sections)
TEULON Frédéric – Vocabulaire économique et social (Première et Terminale ES)
TURIEL Frédéric – L'oral de français au baccalauréat, *textes commentés* (Premières toutes sections)
VALTAT Jean-Christophe – Premières leçons sur *L'Éducation sentimentale,* un roman d'apprentissage (Premières ES, L, S)

Terminales Bac

ASSAYAG Jacky – Analyse, des exercices aux problèmes (Terminale S)
ASSAYAG Jacky – Probabilités et nombres complexes, des exercices aux problèmes (Terminale S)
BACHOFEN Blaise – Premières leçons sur le *Discours sur l'origine et les fondements de l'inégalité parmi les hommes* de Jean-Jacques Rousseau (Terminales toutes sections)
BOY Jean-Paul – Mémento de physique (Terminale S)
COLARD Jean-Max – Premières leçons sur *La Vie est un songe* de Calderón (Terminale S)
DERON Daphné – Premières leçons sur *Lancelot ou Le Chevalier de la Charrette* de Chrétien de Troyes (Terminale L)
DROUIN Jean-Claude – Les grands auteurs en sciences économiques et sociales (Terminale ES)

GARRIGUES Frédéric – Principes et méthodes de la dissertation d'histoire (Terminales toutes sections)

GUIGUE Arnaud – Droit, justice, État, *thèmes et sujets* (Terminales toutes sections)

LAUPIES Frédéric – Premières leçons de philosophie (Terminales toutes sections)

MARTIN Gilles, VALLÉE Frédérique, WAQUET Isabelle – Annales corrigées de sociologie (Terminale ES)

MARTIN Gilles, VALLÉE Frédérique, WAQUET Isabelle – Pratique de l'économie. Annales corrigées (Terminale ES)

MERCOYROL Yannick – Premières leçons sur *Les Yeux d'Elsa* d'Aragon (Terminale L)

MOURRAL Isabelle – Premières leçons sur *La conscience et la vie* de Bergson (Terminales toutes sections)

MOURRAL Isabelle – Nature-Culture, *thèmes et sujets* (Terminales toutes sections)

POUSSARD Alain – Premières leçons sur *Méditations métaphysiques* de Descartes (Terminales toutes sections)

PRIGENT Michel A. / NAIGEON Marc – Manuel de poche. Histoire. La France depuis 1945 (Terminales toutes sections)

PRIGENT Michel A. / NAIGEON Marc – Manuel de poche. Histoire. Les relations internationales depuis 1945 (Terminales toutes sections)

ROYER Pierre – Principes et méthodes du commentaire de document historique (Terminales toutes sections)

SOLÈRE Brigitte – Manuel de poche, génétique (Terminale S)

SZWEBEL Georges – Mémento de mathématiques (Terminales ES, L)

SZWEBEL Georges – Pratiques des mathématiques. Problèmes, méthodes et corrigés (Terminales ES, L)

TOUCHARD Patrice – Géographie. Économie : les chiffres du Bac (Terminales toutes sections)

VIDALIN Antoine – Mémento de mathématiques (Terminale S)

VILLANI Jacqueline – Premières leçons sur *Une partie de campagne* de Maupassant (Terminale L)